物流管理与工程类专业实验教材

物流系统虚拟仿真实验教程

主编　何其超
主审　柳伍生

人民交通出版社股份有限公司
北　京

内容提要

本教材介绍了物流系统虚拟仿真实验教程,内容包含两个部分:第一部分概述实验背景、条件、考核方法和教程实验效果;第二部分详述仓储模块、港口模块、配送模块和运输模块共15个实验项目的类型、学时、操作步骤等具体内容。

本书详细阐述了物流系统主要作业环节的相关虚拟仿真实验内容,适用于物流管理与工程类的本科及专科专业作为实验教材使用,也适用于其他相关专业用作实验教学参考用书。

图书在版编目(CIP)数据

物流系统虚拟仿真实验教程 / 何其超主编. — 北京:
人民交通出版社股份有限公司,2023.1
ISBN 978-7-114-18251-8

Ⅰ.①物… Ⅱ.①何… Ⅲ.①物流—系统仿真—高等学校—教材 Ⅳ.①F253.9

中国版本图书馆 CIP 数据核字(2022)第 186622 号

Wuliu Xitong Xuni Fangzhen Shiyan Jiaocheng

书　　名:	物流系统虚拟仿真实验教程
著　作　者:	何其超
责任编辑:	李　瑞
责任校对:	赵媛媛
责任印制:	张　凯
出版发行:	人民交通出版社股份有限公司
地　　址:	(100011)北京市朝阳区安定门外外馆斜街 3 号
网　　址:	http://www.ccpcl.com.cn
销售电话:	(010)59757973
总　经　销:	人民交通出版社股份有限公司发行部
经　　销:	各地新华书店
印　　刷:	北京虎彩文化传播有限公司
开　　本:	787×1092　1/16
印　　张:	6.25
字　　数:	146 千
版　　次:	2023 年 1 月　第 1 版
印　　次:	2023 年 1 月　第 1 次印刷
书　　号:	ISBN 978-7-114-18251-8
定　　价:	25.00 元

(有印刷、装订质量问题的图书,由本公司负责调换)

前　　言

　　物流系统涉及面非常广泛，内容十分丰富，这导致与物流系统相关的专业在传统教学模式下开展实验教学难度较大。当前，虚拟仿真实验技术日趋成熟，它拓展了实验教学内容的广度和深度，延伸了实验教学的时间和空间，提升了实验教学的质量和水平，解决了物流领域实验教学的难题。现为了适应新的实验教学发展趋势，系统开展与物流系统相关的虚拟仿真实验教学，进一步提高物流人才培养水平，依据实验教学要求，编写本实验教材。

　　本教材是与物流系统相关的虚拟仿真实验教学配套教材，适用于物流工程、物流管理、供应链管理、交通运输等专业的本科、专科教学使用，也适合其他开设物流相关课程的专业用作实验教学参考用书。本书共包含两个部分，第一部分介绍实验背景、条件，概述实验所需的虚拟仿真系统，提出实验教学效果和考核方式；第二部分详细阐述15个实验项目的具体内容，包含实验类型、学时、目的、主要内容与步骤以及课后思考题等。通过这些实验，学生能较全面地认识物流中心、港口码头、干线运输和终端配送的主要作业流程，掌握其中的关键环节，加深对理论知识的理解，提升解决物流领域实际问题的能力。

　　本教材由何其超主编，柳伍生主审。本书的编写得到了长沙理工大学交通运输工程学院、上海百蝶教育科技有限公司的大力支持，在此表示衷心感谢。

　　书中有疏漏或错误之处，恳请读者指正。

编　者

2022 年 12 月

目　　录

第一部分　实验背景、内容与条件 ·· 1
　一　实验背景与内容 ·· 1
　二　虚拟仿真系统与实验条件 ·· 2
　三　实验效果与考核 ·· 3
第二部分　实验指导 ·· 4
　实验一　货物出库作业 ·· 4
　实验二　货物拣货作业 ·· 12
　实验三　货物入库作业 ·· 18
　实验四　物流中心仓储作业优化方案设计与实施 ·· 23
　实验五　集装箱码头卸船作业 ·· 30
　实验六　集装箱码头重箱出场作业 ·· 41
　实验七　集装箱堆场作业 ·· 45
　实验八　集装箱码头装船作业 ·· 48
　实验九　集装箱码头进口全程作业方案设计与实施 ·· 55
　实验十　小件货物车辆配载作业方案设计与实施 ·· 61
　实验十一　货物配送作业方案设计与实施 ·· 63
　实验十二　公路零担中转货物运输作业 ·· 71
　实验十三　铁路集装箱货物运输作业 ·· 78
　实验十四　鲜活易腐类货物运输作业 ·· 83
　实验十五　第三方物流企业运输运营实践 ·· 86
参考文献 ·· 91

第一部分 实验背景、内容与条件

一 实验背景与内容

物流业是融合运输、仓储、货代、信息等产业的复合型服务业,是支撑国民经济发展的基础性、战略性、先导性产业。改革开放以来,我国物流业实现了从萌芽起步到快速发展,从理念传播到实践探索,从一路追赶到并跑领跑的历史性变革,为国民经济持续健康发展提供了有力支撑。

2014年,国务院印发《物流业发展中长期规划(2014—2020年)》,系统提出物流业的发展重点、主要任务和重点工程,明确了一段时期内物流业的发展方向和目标。按照党中央、国务院关于深化供给侧结构性改革、推进"三去一降一补"的决策部署,国家发展和改革委员会等相关部门围绕推进物流降本增效促进实体经济发展的发展重点,出台了物流业降本增效实施方案,启动了物流降本增效综合改革试点等。

2019年,国家发展和改革委员会、交通运输部等24个部门联合发布《关于推动物流高质量发展促进形成强大国内市场的意见》,明确物流高质量发展将作为当前和今后一段时期物流工作的总目标。这一时期,我国物流业发展环境显著改善,物流基础设施体系更加完善,大数据、云计算等先进信息技术广泛应用,物流新模式、新业态加快发展,物流业转型升级步伐明显加快,发展质量和效率显著提升。

当前,我国正处于"十四五"的重要历史节点,"十四五"时期将是我国物流业高质量发展、迈向现代化的重大转型期,也是产业优化升级、企业竞争力提升和行业双循环运行的重要时期。在此背景下,高素质、复合型、专业性强的物流人才无疑成为推动物流业数字化转型升级、构建现代流通体系必不可少的条件之一。

为了更好地培养现代物流人才,必须运用现代虚拟仿真技术加强实践训练。通过虚拟仿真技术创建出逼真的虚拟物流环境,学生在虚拟环境中针对任务要求,运用专业知识设计作业方案并在虚拟环境中完成各项作业,实现理论与实践相结合,从而提升学生的专业能力。

物流的主要作业环节包括仓储、运输和配送,主要场所包括物流中心、配送中心、港口码头、站场等。针对物流的主要作业场所和作业环节,本教材的虚拟仿真实验主要包含四大模块:仓储模块、港口模块、配送模块和运输模块。在每个模块中均选取最主要作业环节作为实验项目,一共15个实验项目,详见表1。

表1 实验项目名称

模块	实验项目名称
仓储模块	货物出库作业、货物拣货作业、货物出库作业、物流中心仓储作业优化方案设计与实施
港口模块	集装箱码头卸船作业、集装箱码头重箱出场作业、集装箱堆场作业、集装箱码头装船作业、集装箱码头进口全程作业方案设计与实施
配送模块	小件货物车辆配载作业方案设计与实施、货物配送作业方案设计与实施
运输模块	公路零担中转货物运输作业、铁路集装箱货物运输作业、鲜活易腐类货物运输作业、第三方物流企业运输运营实践

二 虚拟仿真系统与实验条件

虚拟仿真(Virtual Reality)技术,或称为模拟技术,就是用一个系统模仿另一个真实系统的技术。虚拟仿真系统实际上是一种可创建和体验虚拟世界的计算机系统。此种虚拟世界由计算机生成,可以是现实世界的再现,亦可以是构想中的世界,用户可借助多种传感通道与虚拟世界进行交互。

为了让学生通过计算机来体验现实中的主要物流环节,需要采用虚拟仿真技术,应用专业软件在计算机上搭建物流节点、物流企业等虚拟物流仿真环境,再现现实世界,学生以仓库管理员、集装箱货车驾驶员等特定角色进入软件所构建的虚拟现实场景,完成指定任务,从而熟悉现实中的专业操作,掌握相关知识与技能。

本书所有实验项目所需的虚拟仿真实验环境均由上海百蝶教育科技有限公司的专业软件提供。完成实验需专业服务器1台以及与其联网的普通计算机若干台。在服务器上安装软件服务端,在普通计算机上安装客户端,共同搭建起虚拟仿真实验系统,各实验模块与其对应的虚拟仿真软件情况见表2。

表2 各实验模块与其对应的虚拟仿真软件情况

模块名称	软件名称	软件功能
仓储模块	《仓储中心运营管理》实验课程软件	构建虚拟的物流中心工作环境
港口模块	《集装箱港口运营管理》实验课程软件	构建虚拟的集装箱港口工作环境
配送模块	《配送运营管理》实验课程软件	构建虚拟的城市配送企业工作环境
运输模块	《运输企业运营管理》实验课程软件	构建虚拟的干线运输企业工作环境

三　实验效果与考核

　　本教材根据上海百蝶公司专业软件所构建的虚拟仿真环境,设计了4大模块15个实验项目,详细阐述了每个实验项目的具体操作步骤,帮助学生完成实验任务;依据实验内容提出了配套的课后思考题,引导学生对实验中涉及的专业知识进行深入思考。学生通过使用本教材,在课堂上完成虚拟仿真实验操作,课后针对实验相关内容进行思考与总结,可达到以下主要教学效果:熟悉物流中心、集装箱港口、运输企业和配送企业的主要工作流程;掌握实验所涉及的工作流程中的关键技术环节;将理论知识与实际应用相联系,加深对专业知识的理解,培养和提高实践能力。

　　为了检查学生的实验学习情况,考核学生的学习效果,建议学生的实验成绩由纪律表现、实验操作和思考总结3部分组成,具体考核方式见表3。

实 验 考 核 方 式　　　　　表3

考核项目	考核内容	提交材料	成绩比重
纪律表现	上课考勤	考勤表	20%
实验操作	实验操作记录	实验报告	60%
思考总结	思考题答案和心得体会	实验报告	20%

　　根据以上考核方式,学生提交的实验报告应包含以下部分:实验名称、实验目的、实验仪器、实验内容、实验步骤、思考题答案和实验总结。

第二部分 实验指导

实验一 货物出库作业

实验类型：验证性实验
学　　时：2课时

一、实验目的

1. 熟悉配送中心货物出库作业的基本流程。
2. 掌握储位编码的规则。
3. 理解物流与信息流的关系。

二、实验器材

1. 计算机一台。
2.《仓储中心运营管理》实验课程软件。

三、实验内容

配送中心接到了一个客户的订单，将客户订单数据录入到仓储管理系统（WMS）中，根据订单内容完成货物出库的整个流程。

四、实验步骤

步骤1：在【课程内容】中选择【任务二　货物出库作业】，单击【进入任务】，任务角色选择出库管理员，进入3D虚拟场景，如图1.1所示。

步骤2：控制程序中的角色走近计算机，鼠标指针移到椅子上，根据界面提示，按"Alt"键操作计算机，双击桌面图标，打开管理系统，如图1.2所示。

步骤3：依次选择【出库管理】—【出库预报】，勾选出库单，单击【发送审核】，如图1.3所示。

步骤4：执行【出库管理】—【出库审核】，勾选未审核的订单，依次单击【审核】—【出库单打印】，如图1.4所示。

图 1.1　选择任务

注：本教材照片图中的①、②、③…等代表操作顺序。

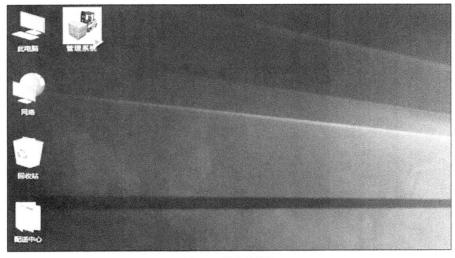

图 1.2　操作计算机

步骤 5：执行【出库管理】—【出库分配】，勾选审核完成的订单，依次单击【预分配】—【分配】，如图 1.5 所示。

步骤 6：执行【出库管理】—【拣货】，勾选未提交的订单，依次单击【提交】—【打印拣货单】，如图 1.6 所示。打印完成后，按"Alt"键控制角色站起，走至门口的打印机，在第一视角下，将鼠标移动至纸张位置，根据界面提示，按"Ctrl"键的同时单击鼠标左键，控制角色拿起已打印的出库单和拣货单，如图 1.7 所示。

图1.3　出库预报

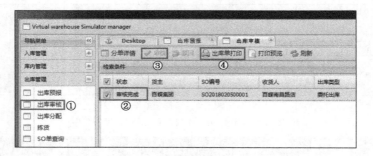

图1.4　出库审核

图1.5　出库分配

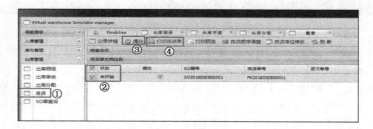

图1.6　打印拣货单

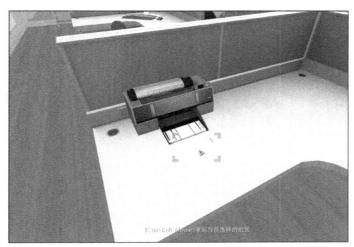

图1.7 【Ctrl+鼠标左键】拿起当前选择的纸张

步骤7:在工具栏中双击图标,查看出库单和拣货单的详细信息。

步骤8:走出仓储办公室,单击工具栏中的图标,切换角色为【拣货员】。

步骤9:单击PDA(Personal Digital Assistant,即个人数字助理)上主菜单图标,进入管理系统,选择【拣货】模块,PDA自动跳转到下一界面,在工具栏中双击图标,打开拣货单,当鼠标指针移动到拣货单条形码上变成眼睛形状时,按住"Alt"键的同时单击鼠标左键进行扫描,扫描完成后选择【箱拣货】,显示预计拣货库位,按"Q"键收起PDA,如图1.8所示。

图1.8 PDA拣货

步骤10:拣货员在车辆存放区按照界面提示操控单层手推车,将手推车移动至普通托盘库区的预计拣货库位。按"Q"键取出PDA,找到此库位,移动鼠标到此库位条码处,指针变成眼睛的时候,按住"Alt"键的同时单击鼠标左键进行扫描,扫描成功时所对应的托盘将会显示绿色提示框。PDA跳转到下一个界面,扫描包装条码,填写货物数目,如图1.9所示。

图1.9　扫描拣货库位条码

步骤11：移动光标到货物上，出现 图标后，按"Ctrl"键同时单击鼠标左键搬起货物，将相应货物从托盘搬运至手推车，然后将手推车移动至分拣输送线，将货物放在输送线上，最后将手推车放回车辆存放区。

步骤12：控制角色沿着叉车通道走到立体货架所在角落的计算机前，按"Alt"键进行操作。进入管理系统，单击右下角的【开始作业】，即能看到需要出库的任务，如图1.10所示。

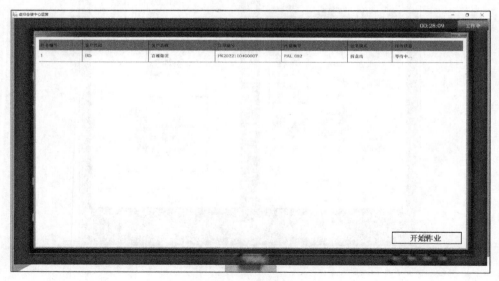

图1.10　开始作业

步骤13：按"Alt"键使角色离开计算机，走到立体仓库出库口，取出PDA，进入管理系统，选择【拆盘】模块，如图1.11、图1.12所示。拆盘时须先完成图1.12上步骤①、②、③后才能移动箱子，否则，货物会被传动至异常分拣口。

图1.11　PDA拆盘　　　　　　　　　图1.12　拆盘操作界面

步骤14：当角色走进托盘，出现橙色提示框的时候，根据提示按住"Ctrl"键的同时单击鼠标左键拿起箱子。控制角色走到传送带前，按住"Ctrl"键的同时移动鼠标左键将箱子放在传送带上，拆盘货物都放置在传送带上后单击【托盘回库】。

步骤15：切换角色为【复核员】，单击PDA上主菜单，进入管理系统，选择【复核打包】模块，选择【打包】模块，扫描【出库单】，如图1.13所示。扫描出库单后，单击【生成新笼车】并单击【确定】，分拣口旁将自动生成一辆笼车。

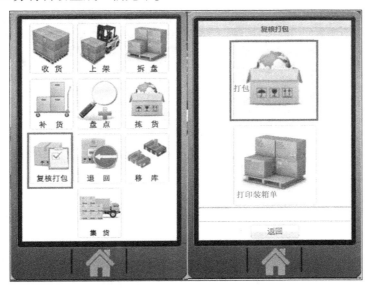

图1.13　PDA打包

步骤16：PDA界面提示【扫描包装箱条码】后，控制角色对准包装箱进行扫描，读取物料信息，输入复核箱数后，单击【确定】，如图1.14所示，随后将相应数量的货物放入笼车中。

图1.14 复核信息

步骤17：从PDA主菜单中进入【复核打包】模块，选择【打印装箱单】，按照提示扫描笼车号，单击【打印装箱单】，如图1.15所示。分拣口打印机将打印笼车装箱单，操纵角色拿起包装单后，将装箱单贴在笼车上。

图1.15 打印装箱单

步骤18：切换角色为【搬运工】，按"Q"键取出PDA，进入管理系统，选择【集货】模块。按提示扫描笼车条码，显示集货口号后，将笼车移动到出库理货区的指定集货口，任务完成。

五、课后思考题

1. 如果出库数量不是整数,那么如何完成出库?

2. 在拆盘拣货过程中如果只将货物从托盘上取下直接放到输送线上,而不在 PDA 上进行信息的确认,会产生什么后果?该货物将顺着输送线流向何处?

3. 在出库作业中,复核作业的主要内容以及复核过程中一般会出现的问题及应对措施是什么?

六、实验报告要求说明

1. 简要描述整个实验过程。

2. 完成课后思考题。

3. 小结实验心得体会。

实验二 货物拣货作业

实验类型：验证性实验
学   时：2 课时

一、实验目的

1. 了解摘取式分拣的原理。
2. 熟悉货物按照 A、B、C 分类存储的设计方法和熟练应用。
3. 掌握进行"按单拣选"的基本概念和操作方法。

二、实验器材

1. 计算机一台。
2.《仓储中心运营管理》实验课程软件。

三、实验内容

配送中心接到了一个客户订单，对订单进行分析，选择合适的拣货方式，完成货物的拣货作业。

四、实验步骤

步骤1：在【课程内容】中选择【任务四 拣货作业】，单击【进入任务】，任务角色选择为出库管理员，进入 3D 虚拟场景，如图 2.1 所示。

图 2.1 选择任务

步骤2:控制角色走近计算机,打开管理系统,在【出库管理】部分依次选择【出库预报】—【出库审核】—【出库分配】,打印出库单,完成预分配、分配等操作,如图2.2所示。

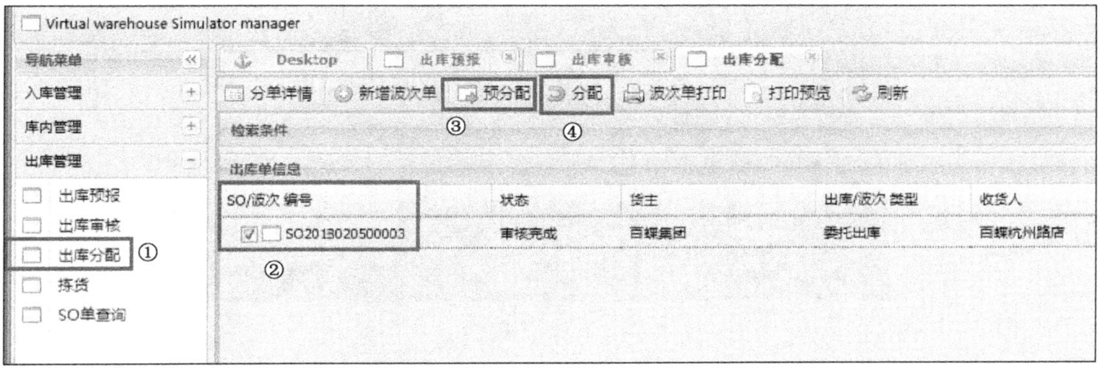

图2.2 出库分配

步骤3:执行【出库管理】—【拣货】,勾选未提交的订单,依次单击【提交】—【打印拣货单】,如图2.3所示。打印完成后,控制角色走至门口的打印机,在第一视角下,拿起已打印的出库单和拣货单。

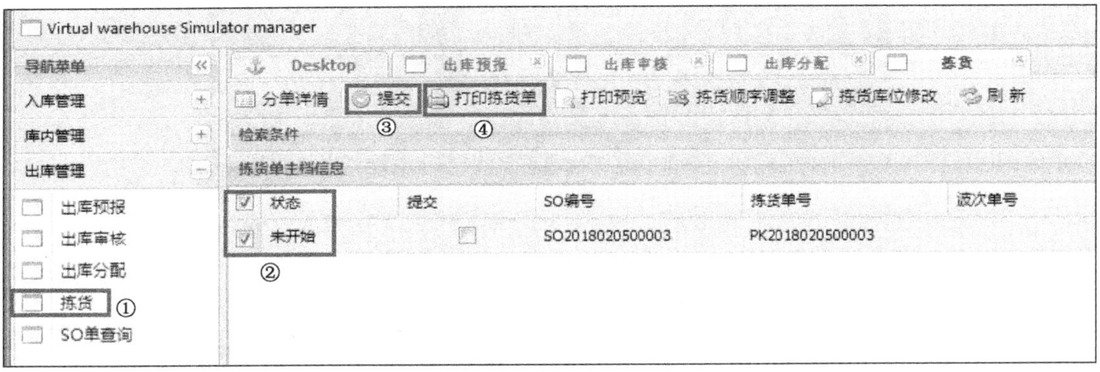

图2.3 打印拣货单

步骤4:切换角色为【拣货员】,按"Q"键取出PDA进入管理系统,选择【拣货】模块。扫描拣货单后PDA界面将显示预计拣货库位,并提示扫描周转箱。收起PDA,控制角色走至叉车停放区,走近双层手推车,将手推车推至拣货库位,按"C"键使手推车上生成一个周转箱,按"Alt"键放下手推车,取出PDA扫描周转箱,如图2.4所示。

步骤5:扫描周转箱后,PDA界面将显示扫描库位。库位扫描成功后自动弹出拣货界面,单击中型货架上的货物,拣出相应数量后单击【确定】,如图2.5所示。此后根据拣货单要求依次在相应库位完成拣货工作。

步骤6:收起PDA,控制角色将手推车推至附近的传送带,根据提示拿起周转箱,按"Ctrl"键的同时移动鼠标将周转箱移动到传送带上,单击鼠标左键放下周转箱,如图2.6所示。最后将手推车放回叉车停放区。

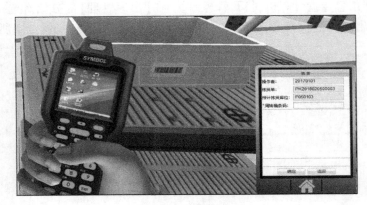

图 2.4 扫描周转箱

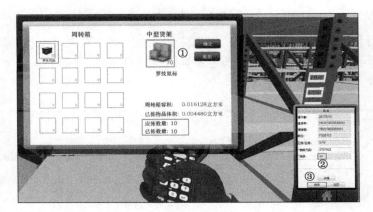

图 2.5 拣货界面

图 2.6 【Ctrl + 鼠标左键】拿起当前选择的周转箱,将周转箱放到传送带上

步骤 7:控制角色走到电子标签拣货区的计算机旁,按"Alt"键操作计算机。打开计算机上的管理系统,单击右下角【开始作业】。靠近条码扫描枪,按"Ctrl"键的同时单击鼠标左键拿起条码扫描枪,打开并扫描拣货单,扫描拣货单后传送带上会自动生成周转箱,此后继续扫描周转箱,周转箱将移动到需要拣货的库位前,如图 2.7 所示。

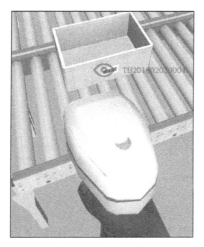

图 2.7　扫描周转箱

步骤 8：按"Esc"键放下扫描枪，走近库位，鼠标对准红色亮灯处，双击鼠标左键打开电子标签拣货界面，连续单击电子货架处货物图标，直至达到应拣数量，拣货完成单击红色按钮关闭拣货界面，如图 2.8 所示。

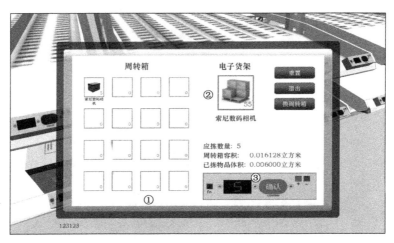

图 2.8　电子标签拣货

步骤 9：拣货完成后控制角色走到拣货复核区的 1 号分拣口查看所拣货物，如图 2.9 所示。

步骤 10：切换角色为【复核员】，取出 PDA，进入管理系统，选择【复核打包】—【打包】，界面提示扫描【出库单】，打开并扫描出库单后，提示扫描【笼车号】，单击【生成新笼车】并单击【确定】，分拣口旁将生成一辆笼车，界面提示【扫描包装箱条码】，对准周转箱条码进行扫描，打开复核界面，连续单击货物图标至应收数量，单击【确定】，复核完成，如图 2.10 所示。

步骤 11：依此方法完成其他周转箱复核作业，完成后光标对准包装箱，双击鼠标左键打开打包提示界面，单击【是】后进行打包，如图 2.11 所示。

图 2.9　1 号分拣口状态

图 2.10　复核界面

图 2.11　打包

步骤 12：打包完成后，将包装箱放入笼车内，取出 PDA，选择【打印装箱单】，按照提示扫描笼车号，单击【打印装箱单】，走近打印机拿起装箱单，打开装箱单，走近笼车，光标对准笼车，双击鼠标左键粘贴装箱单，如图 2.12 所示。

步骤 13：切换角色为【搬运工】，取出 PDA，进入管理系统，选择【集货】，扫描笼车条码后单击【确定】，收起 PDA，将笼车推至指定集货口，任务完成。

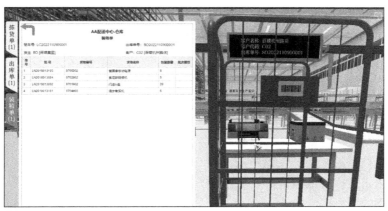

图 2.12　粘贴装箱单

五、课后思考题

1. 在拣货作业管理中有一条订单分割的策略，简单阐述一下什么是订单分割策略？本实验是单人模式的任务，只用一个拣货员完成所有货物的拣货，如果有多个拣货员共同完成这个订单的拣货，如何利用订单分割的策略？说明你设计的分割策略和设计的原因。

2. 电子标签货架和阁楼货架中的货物随着拣货作业的不断进行，货物的拣货区库存量会一直下降，拣货区货物库存量不足时该如何处理？

六、实验报告要求说明

1. 简要描述整个实验过程。
2. 完成实验题。
3. 小结实验心得体会。

实验三　货物入库作业

实验类型：验证性实验
学　　时：2 课时

一、实验目的

1. 了解条码技术的应用与存储指派原则。
2. 熟悉货物入库作业的流程。
3. 掌握货物的理货码盘方法。

二、实验器材

1. 计算机一台。
2. 《仓储中心运营管理》实验课程软件。

三、实验内容

以货物到达配送中心指定入库月台时为开始作业点,进入系统后进行卸货、理货验收、搬运上架货物到指定库位等作业环节,从而完成货物的入库作业。

四、实验步骤

步骤1：在【课程内容】中选择【任务三　货物入库作业】,单击【进入任务】,任务角色选择入库管理员,进入3D虚拟场景,如图3.1所示。

图3.1　选择任务

步骤2：控制角色走近计算机，打开管理系统，选择【入库管理】—【入库预报】，勾选入库单，单击【发送审核】，单击【预报审核】，勾选未审核的订单，单击【审核】，单击【ASN 操作】，勾选审核完成的订单，单击【计划】，选择【收货区】—【保存】，然后单击【提交】—【入库单打印】，如图 3.2 所示。

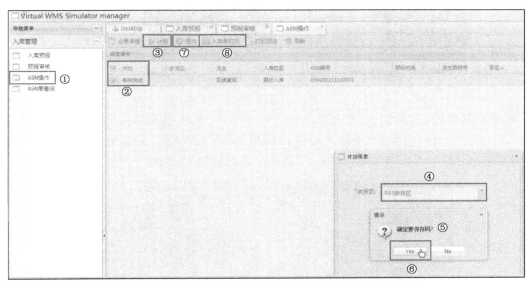

图 3.2　ASN(Advance Shipping Notice，即预到货通知)操作

步骤3：按"Alt"键控制角色离开计算机，走到打印机前拿起单据。走近入库月台的送货驾驶员，光标移动到驾驶员身上会出现橙色提示框，根据提示双击鼠标左键从司机处拿取送货单，如图 3.3 所示。此时货车的后车门打开，可以得知需要叉取一个塑料托盘。

图 3.3　双击鼠标左键签收送货单

步骤4：切换角色为【搬运工】，走至叉车停放区，靠近叉车后提示黄色框架，按"Alt"键驾驶一辆电动叉车，按"T"键启动叉车，按"W""S""A""D"键可控制叉车前后左右移动，用键盘上的"↑""↓"键控制叉车升降。驾驶叉车来到托盘存放区，叉取一个带标签的塑料托盘，如有叉不整齐的情况可按"R"键进行复位。将托盘放置在理货区，按"Alt"键下车，如图 3.4 所示。

图 3.4 叉车叉取托盘

步骤5:控制角色走近手动液压搬运车(俗称"地牛"),根据提示按"Alt"键操作"地牛",推着"地牛"走进月台的车厢,将货叉对准托盘孔,然后往前推进去,叉整齐后按"↑"升起货叉,将货物拉至指定入库理货区,如图3.5所示。放好货物后将"地牛"放回叉车停放区。

图 3.5 "地牛"搬运货物

步骤6:切换角色为【理货员】,进行理货作业。控制角色走近托盘,按"Alt"键进行码盘作业,光标对准货物,对准的箱子变成绿色,光标变为手型,单击鼠标左键拿起箱子,移动鼠标将拿起的箱子放至塑料托盘上,绿色提示框为货物的放置位置,移动箱子与绿色提示框重合,单击鼠标左键放下箱子,按照上述步骤完成码盘作业。码盘时按"X"键调整包装箱方向,按"W"键或"S"键调整角色位置。码盘完成后,按"Alt"键结束码盘状态,如图3.6所示。

图 3.6 码盘

步骤7:按"Q"键取出PDA,进入管理系统,选择【收货】模块,如图3.7所示,界面提示扫描入库单。扫描入库单后,PDA界面自动跳转到下一步操作,提示扫描托盘条码,控制角色走近托盘,按"C"键蹲下进行扫描。扫描托盘条码后,PDA界面跳转至扫描包装条码界面,移动光标至包装箱条码,扫描后读取物料信息,在倍数(箱)一栏中直接填写箱数,填写后单击【确定】按钮,PDA显示收货成功。确定该托盘货物已经码放完成后单击【满盘】,收货完成,按"Q"键收起PDA。

图3.7　PDA收货

步骤8:收货完成后,控制角色走近送货司机,在工具栏中双击打开配送单,双击鼠标左键,将已签收的配送单交给驾驶员,如图3.8所示。

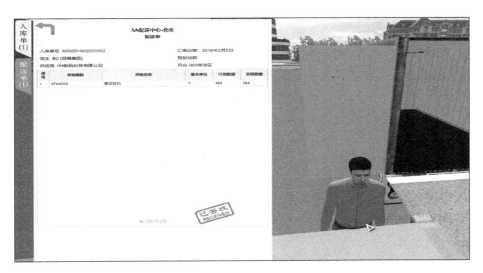

图3.8　双击鼠标左键将已签收的送货单交给司机

步骤9:切换角色为【搬运工】,按"Q"键取出PDA,进入管理系统,选择【上架】模块;扫描托盘条码,根据货物性质在上架环节进行储位分配,如果目标库位在立体仓库区,扫描完成后,在 PDA 上单击【自动上架】,如图 3.9 所示。

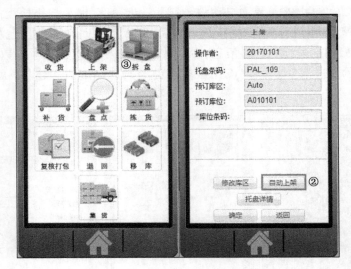

图 3.9　PDA 上架

步骤 10:走到立体仓库控制柜旁的计算机前,按"Alt"键操作计算机,打开管理系统,单击右下角的【开始作业】,然后按"Alt"键离开计算机。

步骤 11:驾驶叉车将托盘搬运至立体仓库入库口,将托盘放置在输送机的合适位置上,输送机会自动将托盘运至指定库位。如果托盘放置位置偏离将导致托盘无法输送,遇到此情况,需重新放置托盘。上架完成后,将叉车开回叉车停放区。

五、课后思考题

1. 在信息管理系统中收到入库订单、审核订单、打印订单后,配送中心即将收到一批入库物资,在此之前仓库还需要做哪些准备工作?由什么角色完成?
2. 为什么要将商品从木质托盘转移到塑料托盘?哪些情况下不需要转移?
3. 画出托盘每层货物的组托示意图。
4. 归纳总结入库作业的基本流程。

六、实验报告要求说明

1. 简要描述整个实验过程。
2. 完成课后思考题。
3. 小结实验心得体会。

实验四　物流中心仓储作业优化方案设计与实施

实验类型：综合性实验
学　　时：2 课时

一、实验目的

1. 能够比较按单拣选与批量拣选的异同。
2. 针对具体的拣货任务选择合理的拣货方式，独立设计综合作业方案。
3. 提高处理物流配送中心综合作业的能力。

二、实验器材

1. 计算机一台。
2. 《仓储中心运营管理》实验课程软件。

三、实验内容

配送中心收到一批出库订单，订单数量较多，多人以小组形式分角色进入系统，首先需要查询物流配送中心的库存，如果库存量不足或断货，应及时进货或补货，在出库订单时间允许的范围内，完成补货后进行分拣出货。

四、实验步骤

步骤1：此任务属于小组模式，考察小组成员之间的工作协调性，需要在开始任务之前分配好各自担任的角色及工作职责，然后以各自的角色依次进入3D虚拟场景（**注意：系统默认第一个进入3D场景的为组长，操作过程中组长不能退出，其他成员退出后可以重新进入；如果组长退出，所有成员需要重新进入**）。

步骤2：在【课程内容】里选择【任务七　综合作业】，单击【进入任务】，选择任务角色后进入3D虚拟场景，如图4.1所示。

步骤3：导出商品进出货流水账。控制出库管理员角色，打开管理系统，选择【仓库报表】—【商品进出货流水账】，单击【查询】，可以看到商品进出货详细信息，然后单击【导出】，导出商品进出货流水账的Excel表格（默认导出到桌面），如图4.2所示。

步骤4：查询库存。选择【库内管理】—【库存查询】，单击【物料代码】旁的图标，输入物料代码或物料名称后单击【查询】，依次查询背景数据中出库货物的库存，对于库存不足的货物则需要入库，如图4.3所示。

步骤5：入库作业。执行【入库管理】—【入库预报】，单击【新增】，填写入库单信息后单击【保存】，单击【列表】返回入库预报界面，小组成员分配好角色后，按照货物入库作业的操作流程及方法完成后续入库作业操作。

步骤6：补货作业。货物入库上架完成后，控制仓库管理员角色走进仓储部办公室操作计算机，选择【库内管理】—【补货管理】，单击【新增】，填写完补货单信息后单击【保存】，如图4.4、图4.5

所示。

图 4.1 选择任务

图 4.2 查询并导出商品进出货流水账

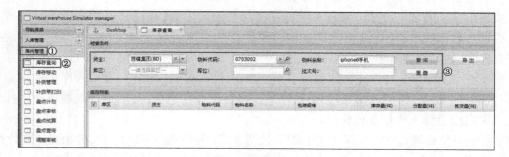

图 4.3 查询库存

图 4.4　新增补货单

图 4.5　填写补货单信息

步骤 7：返回列表，勾选新建的补货单，单击【提交】—【生成补货单】，如图 4.6 所示。选择【补货单打印】，勾选补货单，单击【打印补货单】，如图 4.7 所示。

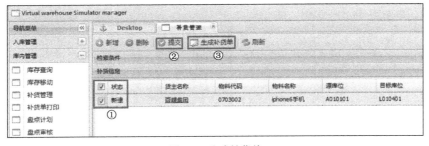

图 4.6　生成补货单

图 4.7　打印补货单

步骤8:控制补货员角色按照补货作业的操作流程及方法完成后续补货作业操作。

步骤9:拣货作业。补货完成后,控制出库管理员角色走进仓储部办公室操作计算机,选择【出库管理】—【出库预报】,勾选所有订单,单击【发送审核】,订单审核后,打印出库单,如图4.8所示。

图4.8　出库审核

步骤10:选择【出库分配】—【新增波次单】,勾选需要整合的订单,在波次类型里面选择【并单拣货】,单击【保存】—【列表】,返回列表后分别对按单拣选订单和波次单单击【预分配】—【分配】,并打印波次单,如图4.9、图4.10所示。

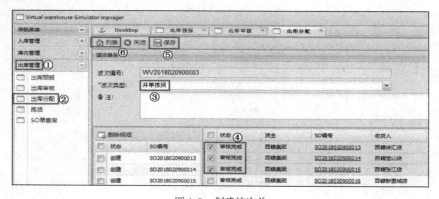

图4.9　创建波次单

图4.10　分配并打印波次单

步骤11:选择【拣货】,勾选订单,单击【提交】—【打印拣货单】,如图4.11所示。

图4.11 提交并打印拣货单

步骤12:控制拣货员角色拿起单据,按照拣货作业的操作流程及方法完成后续拣货作业操作。

步骤13:二次拆分复核。控制搬运工角色拿起波次分拣口的包装箱放到手推车上,推到播种式拣货架控制计算机旁边,控制拣货员角色操作计算机,打开管理系统,单击【开始作业】。

步骤14:退出计算机操作,控制角色拿起扫描枪,打开并扫描波次单,按"Esc"键放下扫描枪,再次操作计算机,单击【生成笼车】,此时播种式拣货架下会自动生成笼车,如图4.12所示。

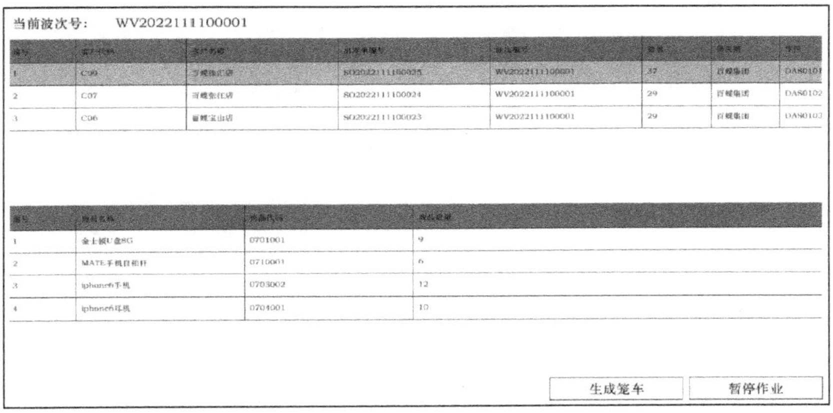

图4.12 生成笼车

步骤15:退出计算机操作,控制角色拿起扫描枪扫描周转箱条码,扫描成功后,播种式拣货架上对应客户的红灯亮起,并显示播种分拣数量,如图4.13所示;按"Esc"键放下扫描枪,控制角色拿起周转箱走到红灯亮处,光标对准灯亮处,根据提示双击鼠标左键,自动跳出播种界面,连续单击界面中的货物图标,直至达到显示屏显示的数量,单击【确定】,播种完成后红灯熄灭,所有货物播种完成后,周转箱会自动消失。(**注意:播种式分拣时,待第一箱货物处理完后再扫描第二箱货物,避免因操作混乱出现不能正常分拣的情况。**)

步骤16:按照同样的方法可对包装箱货物进行播种式分拣,如果显示屏显示的数量达到一整箱,根据界面提示,直接将包装箱放入笼车中,播种完成后红灯熄灭。

步骤17:打包作业。所有货物播种完成后,控制复核员角色走到笼车前,光标对准笼车旁边的包装箱,双击鼠标左键打包。按"Ctrl"键同时单击鼠标左键拿起包装箱,放到对应的笼车中,如图4.14所示。

图 4.13　周转箱播种式分拣,双击鼠标左键进行电子标签捡货作业

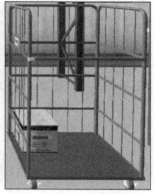

图 4.14　包装箱打包并放到笼车中

步骤 18:打印并粘贴装箱单。取出 PDA,进入管理系统,选择【复核打包】—【打印装箱单】,依次扫描笼车条码,并单击【打印装箱单】,控制角色走近播种货架控制计算机旁的打印机,拿起装箱单,核对单据信息后,粘贴到对应的笼车上,如图 4.15 所示。

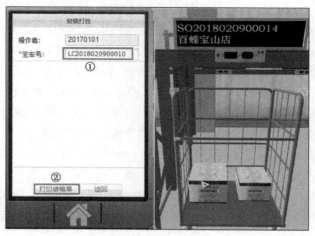

图 4.15　打印并粘贴装箱单

步骤19:按单拣选订单复核打包作业。控制复核员角色走到拣货复核区的1号分拣口,查看所拣货物,然后按照复核打包作业的操作流程及方法完成后续复核打包作业。

步骤20:集货作业。搬运工按照集货作业操作流程及方法完成1号分拣口和播种货架处笼车的集货作业。

五、课后思考题

登录系统进入三维场景后,综合作业出库任务较多。首先需要进行订单分析,然后查询物流配送中心的库存,如果库存量不足或断货应及时进货或补货,在出库订单时间的允许范围内,补货完成后再及时出库。根据以上信息,并结合虚拟仓储中心运营软件(WMS)设计一份合理的综合作业方案,方案设计要求如下:

1. 根据3D软件WMS管理系统的仓库报表中的《商品进出货流水账表》对3C产品类货物从出货量角度进行A、B、C分类,根据A、B、C分类结果设计出货物库存管理方式。
2. 制定出库货物信息汇总表,如果需要进货,则制定入库作业计划(如需进货,只需向供应商订购一整托货物即可)。
3. 根据入库货物信息,进行入库车辆停靠月台操作。
4. 根据入库货物的规格,进行货物堆码设计。
5. 针对所设计的库存管理方式,进行货物上架储位安排。
6. 对本次出库单中需要补货的货物,补货数量为拣货区库位的最大库存量。
7. 设计出库作业执行方案。

六、实验报告要求说明

1. 简要描述整个实验过程。
2. 完成课后思考题。
3. 小结实验心得体会。

实验五　集装箱码头卸船作业

实验类型:验证性实验
学　　时:2 课时

一、实验目的

1. 熟悉设备的操作方法。
2. 掌握船贝位和场箱位的排列规则。
3. 掌握卸船作业基本流程。

二、实验器材

1. 计算机一台。
2.《集装箱港口运营管理》实验课程软件。

三、实验内容

港口现接到通知,有一艘集装箱船即将进入该港,请进入三维虚拟仿真港口选择扮演相关角色,完成接船卸船工作。

四、实验步骤

步骤1:在【课程内容】中选择【任务二　卸船作业操作】,右侧单击【进入任务】,任务角色选择为港口调度员,单击【确定】后进入 3D 仿真场景。

步骤2:角色出现在中控室,控制其走近计算机,根据提示按"Alt"键操作计算机。

步骤3:打开虚拟计算机界面上的图标,进入船舶管理系统,依次选择【进口卸船】—【进口船图录入与修改】,在下拉列表中选择进口航次,勾选船箱位信息,单击【提交】,如图5.1所示。

图5.1　进口船图录入与修改

步骤4:单击【进口舱单录入】,选择【进口航次】,勾选进口舱单信息前面的复选框,单击【提交】,如图 5.2 所示。

步骤5:单击【船图舱单校核】,选择【进口航次】,单击【复核】—【提交】,如图 5.3 所示。

图 5.2　进口舱单录入

图 5.3　船图舱单校核

步骤 6：单击【卸船堆存计划】，选择【进口航次】，单击【分类】，勾选 20 英尺（1 英尺 ≈ 0.3048 米）的集装箱前面的复选框，在【箱区】中选择【1A】并选择【07】贝位（注意 20 英尺的箱子用奇数表示，40 英尺的箱子用偶数表示；红色位置表示已有箱子存放，空白位置表示目前没有箱子），再单击【保存】，如图 5.4 所示。

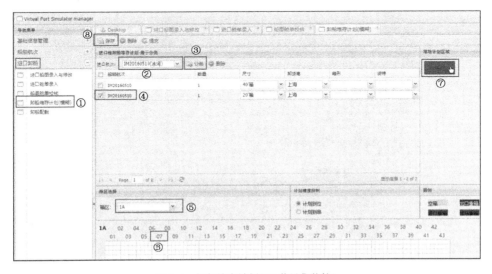

图 5.4　卸船堆存计划（20 英尺集装箱）

31

步骤7：选择40英尺的集装箱信息前面的复选框，在【1A】箱区中选择【10】贝位，单击【保存】，然后在【船舶航次】里面同时勾选20英尺和40英尺集装箱的进口航次信息，再单击【提交】，如图5.5所示。

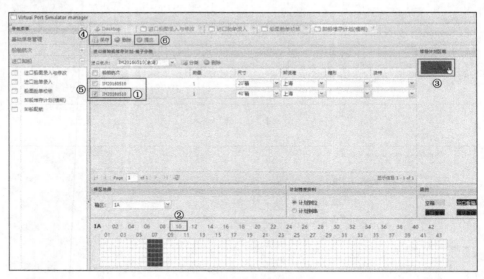

图5.5　卸船堆存计划(40英尺集装箱)

步骤8：单击【卸船配载】，选择【进口航次】，在【船舶航次】里面勾选20英尺集装箱信息的进口航次信息前面的复选框，在【船图配载信息】里面选择显示棕色的可配位置，在【计划区域】单击【1A07】，会在其下方出现【堆存计划区域信息】，并在堆存计划区域信息中选择最底排的任何一个位置(不能选上面的位置，堆存必须从地面第一层开始，否则箱子就会被置放在空中，堆存计划失败)，再单击【保存】，如图5.6所示。

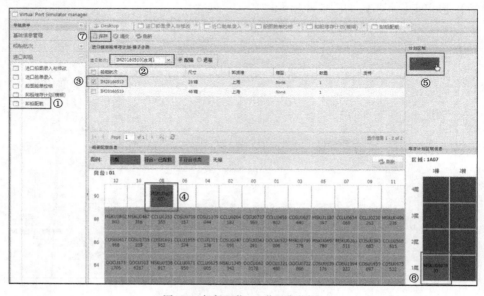

图5.6　卸船配载(20英尺集装箱)

步骤9:在【船舶航次】里面勾选40英尺集装箱信息的进口航次信息前面的复选框,在【船图配载信息】里面选择显示棕色的可配位置,在【计划区域】单击【1A10】,会在其下方出现【堆存计划区域信息】,并在堆存计划区域信息中选择最底排的任何一个位置,再单击【保存】—【提交】。

步骤10:单击【船舶航次】,选择【月度船期】—【新增】,带星号的为必填信息,填完后单击【保存】,如图5.7所示。

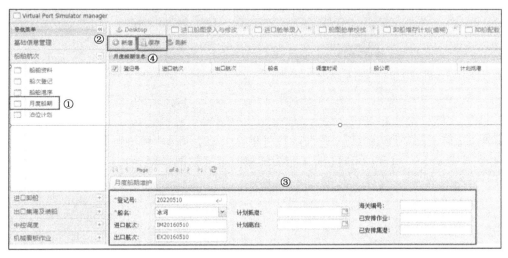

图5.7　月度船期

步骤11:单击【泊位计划】,选择泊位,单击鼠标左键,拖动选择计划抵港时间与离港时间,选择好以后会出现橙色部分,双击鼠标左键打开橙色部分,选择【船期】—【保存】—【提交】,如图5.8所示。

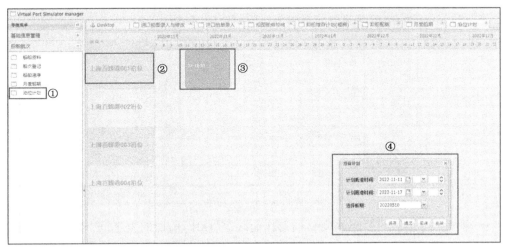

图5.8　泊位计划

步骤12:单击【中控调度】,选择【场吊调度】,在【场吊编码】中选择【场吊】,在【调度区域】中选择【*1A】,然后再单云【保存】,如图5.9所示。

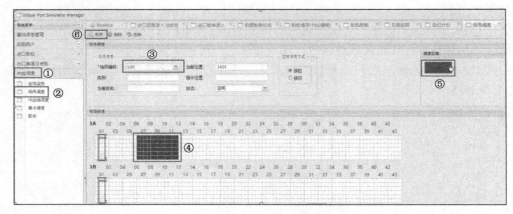

图 5.9 场吊调度

步骤 13：单击【作业线调度】—【进口】—【航次】，在【岸吊调度一览】中选择【Q01】，在【船贝位调度】中选择【D01】和【D04】（前文船图配载时选择的两个部分），选择成功后会显示为蓝色，然后再单击【保存】—【提交】，如图 5.10 所示。

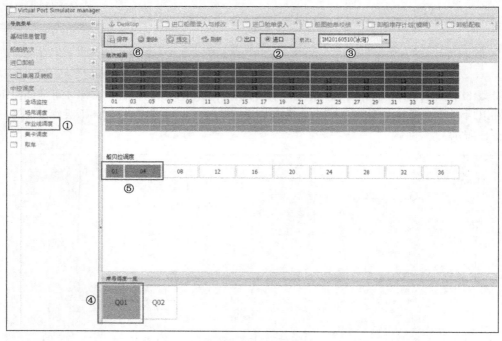

图 5.10 作业线调度

步骤 14：单击【集装箱货车调度】，勾选作业线路【Q01】前面的复选框，单击【要箱车辆】下面的数量部分，然后在页面底部出现集装箱货车信息，选中集装箱货车数量进行安排（选中数量不得超过最大集装箱货车数），单击【保存】—【提交】，如图 5.11 所示。

步骤 15：按"Alt"键退出虚拟计算机，切换角色为内集装箱货车司机。司机走近内集装箱货车，按"Alt"键上车，单击【开始工作】，会接到岸吊及位置的指示，按"T"键挂挡，驾驶内集装箱货车去岸吊【Q01】,如图 5.12 所示;控制内集装箱货车行驶至【Q01】岸吊下,单击【就绪】,如图 5.13 所示。

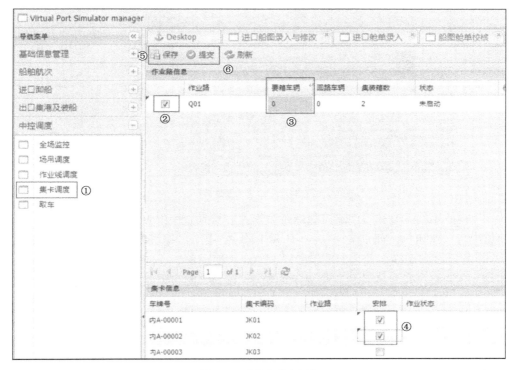

图 5.11 集装箱货车调度

图 5.12 集装箱货车开始工作

图 5.13 集装箱货车就绪

步骤 16:切换角色为岸桥司机,控制人物走到【Q01】旁边的楼梯,按"Alt"键进入岸吊驾驶室中,按"P"键启动岸桥电源,然后按"Q"键进行选位,选中【出口箱信息】中 20 英尺集装箱信息前面的复选框,然后单击【选位】,选位成功后该集装箱会呈黄色高亮显示。如图 5.14 所示。

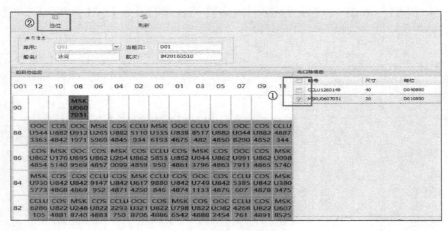

图 5.14 岸吊选位信息操作

步骤 17：使用"A"键和"D"键控制岸桥大车左右移动，使用"W"键和"S"键控制小车前后移动，使用"↑"键和"↓"键控制吊机上升和下降，使用"O"键控制集装箱吊具的伸缩，在 20 英尺和 40 英尺之间切换。使用"F1""F2""F3"键切换视角。

步骤 18：调整吊具对准黄色高亮显示的箱子（按"E"键可以控制调整的速度，再次按"E"键可以恢复至调整前的速度），调整吊具位置至着床灯亮起，说明集装箱吊具已与集装箱对准成功，在此状态下按"5"键将集装箱吊具的四个导板放下，按"6"键将集装箱与吊具锁在一起，"闭锁"成功，闭锁指示灯亮起。然后按"↑"键控制吊具上升，将集装箱吊起，集装箱处于悬空状态后，"着床"指示灯变暗，说明该箱子处于悬空状态，不能开锁。控制集装箱移动，将集装箱下放到岸桥下面的集装箱货车车上。集装箱放到卡车上后，对准卡车上的卡槽将集装箱放好，着床指示灯变亮，说明可以放下集装箱。按"5"键将吊具的四个导板升起，按"6"键将集装箱放到卡车上，"闭锁"指示灯变暗，"开锁"指示灯变亮，说明集装箱放置正确。单击空格键可以进入锚定状态，锚定状态下吊具只能前后上下移动，不能左右移动。锚定状态下的操作顺序为：①吊车对准贝位；②吊车锚定；③卡车对准吊具位置。同样，取消锚定状态也是单击空格键，此时锚定状态指示灯会变暗。控制角色将吊具上升到安全的高度，完成该集装箱的岸桥卸船作业，按"Alt"键从岸桥上下来。如图 5.15、图 5.16 所示。

图 5.15 锚定状态

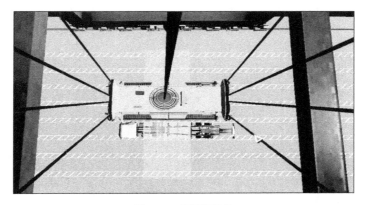

图 5.16 集装箱装车

步骤 19：切换角色为岸边指挥员，按"Q"键打开 PDA，双击【卸船作业】，在出现的下拉列表中选择岸吊以及箱号，选择场内集装箱货车，单击【确定】，如图 5.17 所示。

图 5.17 PDA 卸船作业信息

步骤 20：切换人物为内集装箱货车司机，根据车辆信息提示，驾驶车辆至指定场吊，如图 5.18 所示；将内集装箱货车驾驶至场吊 L01，单击【就绪】，如图 5.19 所示，按"Alt"键下车。

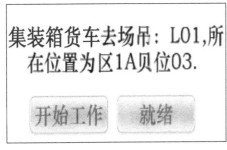

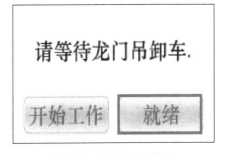

图 5.18 集装箱货车作业提示　　　　　图 5.19 集装箱货车就绪

步骤 21：内集装箱货车司机下车后，切换角色为龙门吊司机，来到【L01】号岸桥下，按"Alt"键操作场吊，然后按"P"键启动龙门吊电源，按"Q"键进行选位，首先在【任务类型】中勾选【卸船落位】前面的复选框,单击【查询】,勾选【出口箱信息】中集装箱货车信息前面的复选框,最后单击【选位】—【提交】,如图 5.20 所示。

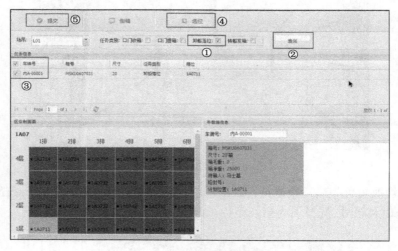

图 5.20　卸船选位操作

步骤 22:驾驶龙门吊将箱子从集装箱货车上吊起,按"↑"键升起吊具,将集装箱货车上的集装箱运至场箱位的黄色方框位置,调整位置,当着床灯亮起时,将箱子放入黄色方框内,然后按"5"键将集装箱吊具的四个导板打开,按"6"键开锁集装箱,如图 5.21 所示。

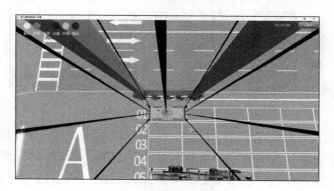

图 5.21　集装箱落座场箱位

步骤 23:切换角色为内集装箱货车司机。将内集装箱货车开回原位,然后驾驶另一辆内集装箱货车,进行 40 英尺集装箱的卸船作业,按"Alt"键上车,单击【开始工作】,会接到岸吊及位置的指示信息,按"T"键挂挡,驾驶内集装箱货车至 Q01 岸桥,单击【就绪】。

步骤 24:切换角色为岸桥司机,控制人物走到【Q01】旁边的楼梯,按"Alt"键操作岸吊。然后按"P"键启动岸桥电源,按"Q"键进行选位,在【出口箱信息】中勾选 40 英尺集装箱前面的复选框,然后单击【选位】,如图 5.22 所示。

步骤 25:按"↑""↓"键控制吊具上升和下降,调整吊具对准黄色高亮显示的箱子,按"O"键,将吊具切换成 40 英尺。调整位置至着床灯亮起,着床灯变为黄色时,按"5"键放下吊具的四个导板,按"6"键进行闭锁,然后从船上吊起箱子至内集装箱货车上,如图 5.23 所示。

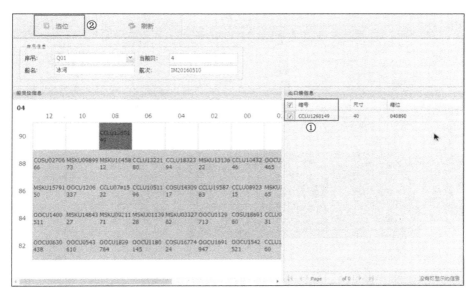

图 5.22 岸吊选位信息

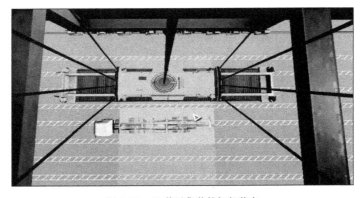

图 5.23 40 英尺集装箱卸船装车

步骤 26:切换角色为岸边指挥员,按"Q"键打开 PDA,双击打开【卸船作业】,在下拉列表中选择岸吊【Q01】以及箱号,选择场内集装箱货车,单击【确定】,按"Q"键收起 PDA。

步骤 27:切换角色为内集装箱货车司机,根据车辆信息提示,将内集装箱货车驾驶至指定场吊下,单击【就绪】,按"Alt"键结束集装箱货车操作。

步骤 28:内集装箱货车司机下车后,角色切换为龙门吊司机,按"Alt"键操作场吊,如图 5.24 所示;然后按"P"键启动龙门吊电源,按"Q"键进行选位,首先在【任务类型】中勾选【卸船落位】前面的复选框,单击【查询】,勾选【出口箱信息】中勾选集装箱货车信息前的复选框,最后单击【选位】—【提交】。

步骤 29:驾驶龙门吊将箱子从集装箱货车上吊起,按"↑"键升起吊具,将集装箱货车上的集装箱吊至场箱位的黄色方框位置,调整位置,当着床灯亮起时,将箱子放入黄色方框内,然后按"6"键开锁并升起吊具。

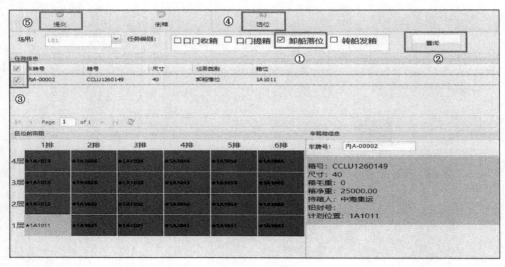

图 5.24 卸船选位操作

步骤30：驾驶集装箱货车回停车场，卸船作业完成。

五、课后思考题

1. 观察集装箱船，归纳总结船箱位的编码规则。
2. 观察集装箱场箱位，归纳总结场箱位编码规则。
3. 归纳总结卸船作业的流程。

六、实验报告要求说明

1. 简要描述整个实验过程。
2. 完成课后思考题。
3. 小结实验心得体会。

实验六　集装箱码头重箱出场作业

实验类型:验证性实验
学　　时:2 课时

一、实验目的

1. 了解重箱出场作业的主要内容。
2. 熟悉 TOS(Terminal Operation System,即码头运营系统)及设备的操作方法。
3. 掌握重箱出场作业基本流程。

二、实验器材

1. 计算机一台。
2.《集装箱港口运营管理》实验课程软件。

三、实验内容

港口现接到通知,有一只集装箱需要提箱出港,进入三维虚拟仿真港口,选择扮演相关角色完成重箱出场工作。

四、实验步骤

步骤 1:在【课程内容】中选择【任务四　重箱出场作业操作】,右侧单击【进入任务】,任务角色选择港口调度员,单击【确定】后进入 3D 仿真场景。

步骤 2:角色出现在中控室,控制角色走近计算机,根据提示,按"Alt"键操作计算机。

步骤 3:打开虚拟计算机,进入船舶管理系统,依次选择【中控调度】—【场吊调度】,在【场吊编码】下拉列表中选择场吊,在【堆场信息】选择箱区,在【调度区域】中选择【*1A】,单击【保存】,按"Alt"键退出计算机操作,如图 6.1 所示。

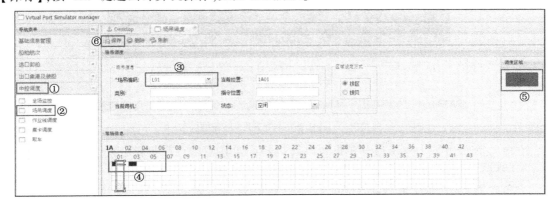

图 6.1　场吊调度

步骤4：切换角色为外集装箱货车司机，按"M"键打开导航地图，双击鼠标左键将角色传送至集装箱货运站，控制角色进入集装箱货运站办公室，走近计算机，光标对准椅子，根据提示按"Alt"键操作计算机，进入集装箱货车管理系统，在【提箱预约】勾选40英尺集装箱前面的复选框，单击【预约】—【打印】，然后按"Alt"键退出计算机，拿起打印好的单据，走到集装箱货车公司取车点，根据提示按"Alt"键操作取车机，单击【取车】，在【车辆信息列表】勾选40英尺集装箱信息前面的复选框，单击【取车】，然后按"Alt"键结束取车操作，如图6.2所示。

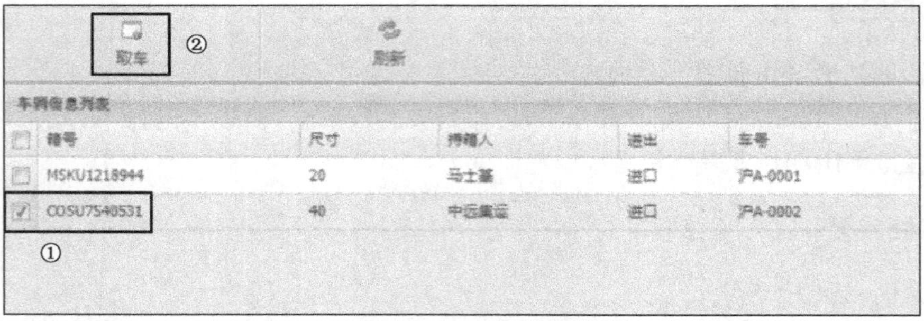

图6.2 取车

步骤5：取车作业完成后，集装箱货运站会出现预约好的车辆，走进集装箱货车，按"Alt"键操作集装箱货车，按"T"键挂挡，驾驶卡车去港口。

步骤6：驾驶车辆到港口外，选择任意一个进场通道，将外集装箱货车驾驶到闸口旁边，按"Alt"键下车，进入检查口办公室，根据提示按"Alt"键操作计算机，计算机上会显示集装箱货车和集装箱信息，单击【确认】，如图6.3所示。单击【查询】，勾选【预约选箱确认】中40英尺集装箱信息前面的复选框，单击【开闸】—【打印小票】，如图6.4所示，按"Alt"键退出计算机，拿起打印好的小票。

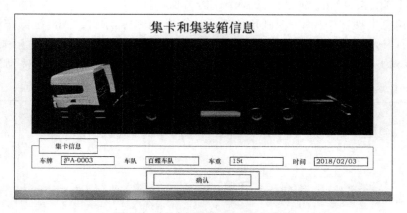

图6.3 确认集装箱货车和集装箱信息

步骤7：在任务栏中单击打开单据，选择【提箱小票】，双击打开提箱小票，查看集装箱所在位置等信息，如图6.5所示。

步骤8：按"Alt"键驾驶外集装箱货车去指定堆场，到位置后按"Alt"键结束外集装箱货车操作，切换角色为龙门吊司机，按"Alt"键操作龙门吊，按"P"键启动龙门吊电源，按"Q"键进行选位,勾选【口门提箱】前面的复选框,单击【查询】,在【出口箱信息】勾选40英尺集装箱信息前面的复选框,在【区位剖面图】中选择相应货位,然后再单击【选位】—【提交】,如图6.6所示,选位成功后该场箱位的集装箱会呈高亮黄色显示。

图6.4 开闸

图6.5 查看提箱小票

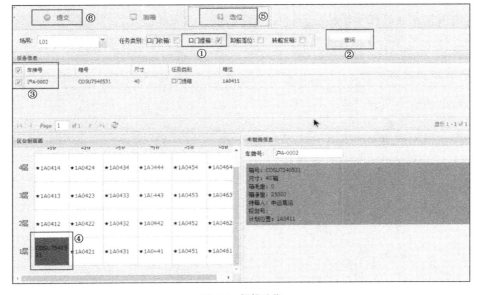

图6.6 提箱选位

步骤9：按"A""D""W""S"键和键盘方向键操作龙门吊（龙门吊操作方法可参照任务二），将集装箱从堆场吊起放到集装箱货车上，按"Alt"键结束场吊操作。

步骤10：切换角色为外集装箱货车司机，将外集装箱货车开回集装箱货运站，外集装箱货车行驶至检查口办公室处时，按"Alt"键下车，控制角色走近检查口办公室，根据提示按"Alt"键操作计算机，此时屏幕上会出现集装箱货车和集装箱信息，单击【开闸】，如图6.7所示。闸口打开后，司机返回外集装箱货车，将车驾驶回到集装箱货运站，按"Alt"键下车。

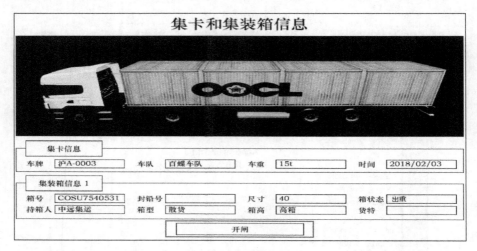

图6.7　开闸

至此，40英尺集装箱的出场操作就已经完成，20英尺集装箱的出场操作流程与上述一致。

五、课后思考题

1. 重箱出场收箱业务的主要流程有哪些？
2. 重箱出场作业操作中应该注意的问题有哪些？
3. 在进行出场重箱管理的过程中，怎样分别管理进口重集装箱和出口重集装箱？

六、实验报告要求说明

1. 简要描述整个实验过程。
2. 完成课后思考题。
3. 小结实验心得体会。

实验七　集装箱堆场作业

实验类型：验证性实验
学　　　时：2 课时

一、实验目的

1. 了解集装箱码头箱务管理的内容。
2. 熟悉集装箱堆场的堆箱规则。

二、实验器材

1. 计算机一台。
2.《集装箱港口运营管理》实验课程软件。

三、实验内容

集装箱卸船到堆场时发现箱内货物发生变质腐烂等情况，需要将卸到堆场的两个集装箱倒箱到边缘空箱区，对变质腐烂货物进行处理并清洗集装箱，请进入三维虚拟仿真港口，选择相关角色完成堆场倒箱工作。

四、实验步骤

步骤1：在【课程内容】中选择【任务十　集装箱堆场箱务管理】，右侧单击【进入任务】，角色选择为港口调度员，单击【确定】后进入3D仿真场景。

步骤2：控制角色走近计算机，按"Alt"键操作计算机，打开虚拟计算机界面上的船舶管理系统。

步骤3：选择【进口卸船】模块，依次完成【进口船图录入与修改】【进口舱单录入】【船图舱单校核】【卸船堆存计划】【卸船配载】等操作，具体流程见实验五。

步骤4：选择【船舶航次】模块，依次完成【月度船期】【泊位计划】等操作；选择【中控调度】模块，依次完成【场吊调度】【作业线调度】【集装箱货车调度】等操作，具体流程见实验五。

步骤5：按照实验五的操作方法完成卸船作业。

步骤6：因刚刚卸船到堆场的这两个集装箱均出现货物变质腐烂等情况，现需要将卸到堆场的两个集装箱倒箱到边缘空箱区，对变质腐烂货物进行处理并清洗集装箱。控制角色操作场吊，按"Q"键，单击【倒箱】，如图7.1所示。

步骤7：将40英尺集装箱从箱位【1A1011】倒箱到【1A4211】，在【当前箱区】选择【1A】，在【当前贝位】选择【10】，在【目的箱区】选择【1A】，在【目的贝位】选择【42】，在【当前区剖面图】中选择【*1A1011】，在【目的区剖面图】中选择【*1A4211】，单击【确定】，如图7.2所示。

步骤8：按"Alt"键操作龙门吊将箱子从【1A1011】场箱位吊起，并堆存在【1A4211】场箱位。

图7.1 倒箱

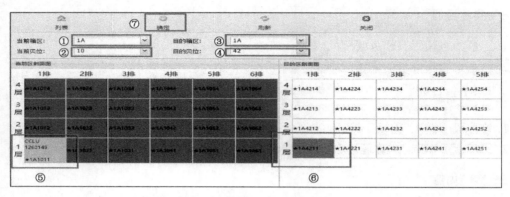

图7.2 集装箱倒箱(40英尺集装箱)

步骤9:将20英尺集装箱从【1A0711】倒箱到【1A3911】,在【当前箱区】选择【1A】,在【当前贝位】选择【07】,在【目的箱区】选择【1A】,在【目的贝位】选择【39】,在【当前区剖面图】中选择【*1A0711】,在【目的区剖面图】中选择【*1A3911】,单击【确定】,如图7.3所示。

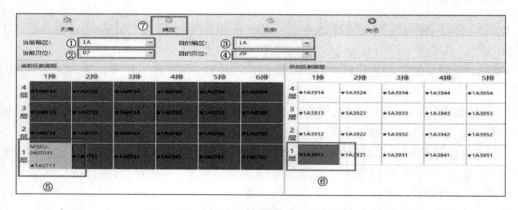

图7.3 集装箱倒箱(20英尺集装箱)

步骤10:按"Alt"键操作龙门吊将箱子从【1A0711】场箱位吊起,堆存在【1A3911】场箱位。

五、课后思考题

1. 集装箱码头堆场箱管理业务都有哪些?
2. 集装箱码头堆场的堆箱规则有哪些?
3. 集装箱的存放及注意事项有哪些?

六、实验报告要求说明

1. 简要描述整个实验过程。
2. 完成课后思考题。
3. 小结实验心得体会。

实验八　集装箱码头装船作业

实验类型：验证性实验
学　　时：2 课时

一、实验目的

1. 了解装船作业的主要内容以及设施设备的操作方法。
2. 掌握装船作业基本流程。

二、实验器材

1. 计算机一台。
2. 《集装箱港口运营管理》实验课程软件。

三、实验内容

港口现接到通知，有一批货物需要装船，请进入三维虚拟仿真港口选择相关角色完成接船装船工作。

四、实验步骤

步骤1：在【课程内容】中选择【任务三　装船作业操作】，右侧单击【进入任务】，角色选择港口调度员，单击【确定】后进入3D仿真场景。

步骤2：角色出现在中控室，控制角色走近计算机，根据提示按"Alt"键操作计算机。

步骤3：打开虚拟计算机界面上的【进入船舶管理系统】，依次选择【出口集港及装船】—【出口箱复核】，在下拉列表中选择航次，勾选舱单信息，单击【复核】—【提交】，如图8.1所示。

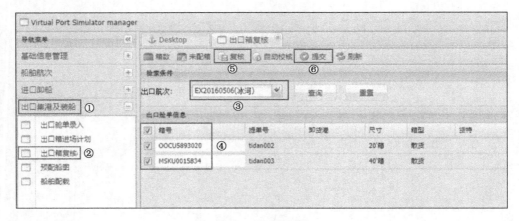

图 8.1　出口箱复核

步骤4：单击【预配船图】，选择【出口航次】，选择相应卸货港，在【船图:侧截面图预览】上选择合适位置预配的集装箱,然后在【船贝位信息】选择空白位置进行预配,预配成功位置会显示绿色,单击【保存】,如图8.2所示。

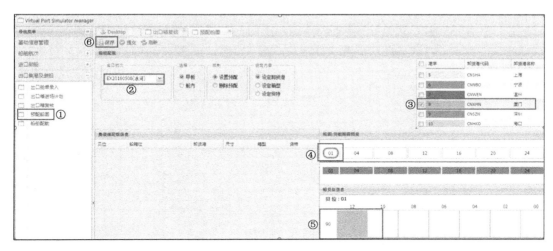

图8.2　预配船图

步骤5:单击【船舶配载】,选择【出口航次】,选择相应卸货港,选择对应集装箱,并勾选前面的复选框,在【船图:侧截面图预览】上选择预配的部分(图8.3中步骤⑤),在【集装箱配载信息】里面选择需要配载的集装箱,在【船贝位信息】里面单击绿色部分进行配载,最后单击【保存】,如图8.3所示。

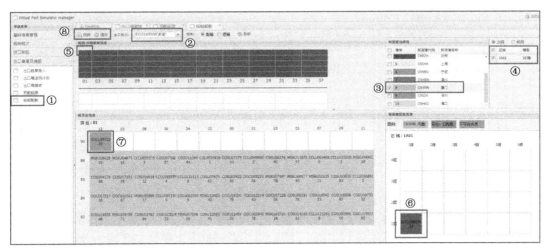

图8.3　船舶配载

步骤6:单击【船舶航次】—【月度船期】—【新增】,带星号的为必填,单击【保存】,如图8.4所示。

步骤7:单击【泊位计划】,选择泊位,鼠标左键按住拖动,选择【计划抵港与离港时间】,选择成功后显示为橙色,鼠标左键双击打开橙色部分,选择【船期】—【保存】—【提交】,如图8.5所示。

图 8.4　月度船期

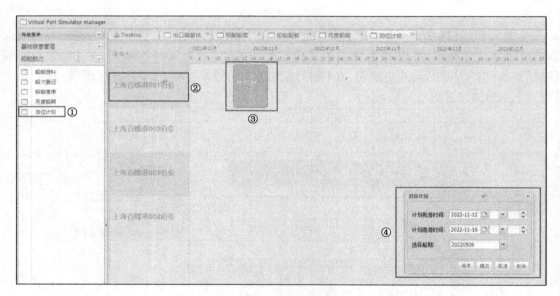

图 8.5　泊位计划

步骤 8：单击【中控调度】，选择【场吊调度】，在下拉列表中选择【场吊】，在【堆场信息】里面选择【调度区域】，在【调度区域】选择【区域】，然后再单击【保存】，如图 8.6 所示。

步骤 9：单击【中控调度】—【作业线调度】—【航次】，在【船贝位调度】中选择船图配载时确定的位置，选择成功后显示为蓝色；在【岸吊调度一览】中选择相应岸吊，选择成功后会显示为蓝色；然后再单击【保存】—【提交】，如图 8.7 所示。

步骤 10：单击【集装箱货车调度】，勾选作业线调度确定的岸吊，单击【要箱车辆】下面的数量部分，在页面底部会出现集装箱货车信息，选中集装箱货车数量进行安排，单击【保存】—【提交】，如图 8.8 所示。

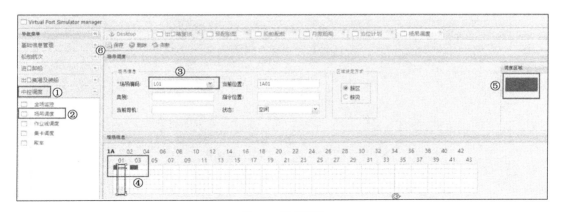

图 8.6　场吊调度

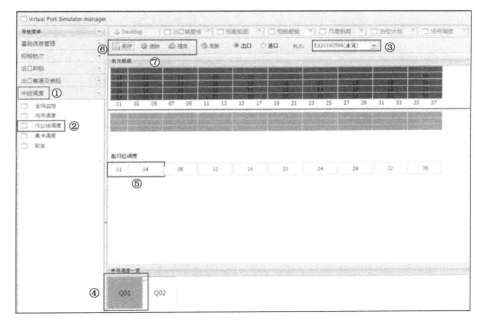

图 8.7　作业线调度

步骤 11：按"Alt"键退出虚拟计算机，单击切换角色为内集装箱货车司机。走近内集装箱货车，按"Alt"键上车，单击【开始工作】，会接到场吊及位置的指示，按"T"键挂挡，驾驶内集装箱货车去到指定场吊下，单击【就绪】。

步骤 12：切换角色为龙门吊司机，按"Alt"键操作场吊，按"P"键启动龙门吊电源，调动龙门吊到锚定状态，把车辆停在锚定的状态框里，再到龙门吊上按"Q"键进行选位，首先选中【转船发箱】—【查询】，选中【出口箱信息】中内集装箱货车前面的复选框，在【区位剖面图】中选择第一排第一层的集装箱，然后单击【选位】—【提交】，选位成功后该集装箱会呈黄色高亮显示，如图 8.9 所示。

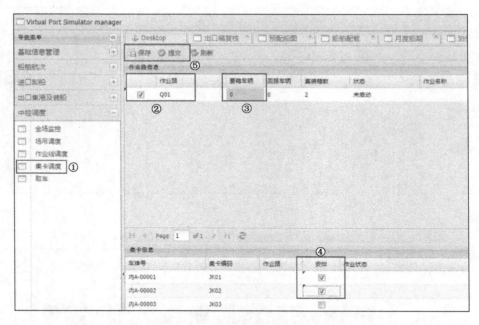

图 8.8 集装箱货车调度

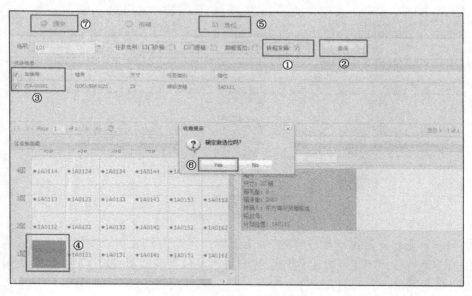

图 8.9 龙门吊选位信息操作

步骤 13:按"↑""↓"方向键控制吊具的上升和下降,调整吊具对准黄色高亮显示的箱子,吊起箱子至内集装箱货车上。

步骤 14:切换角色为内集装箱货车司机,根据车辆信息提示,驾驶车辆至指定岸桥,单击【就绪】,按"Alt"键结束操作。

步骤15：内集装箱货车司机下车后，切换角色为岸桥司机，按"Alt"键操作岸桥，按"P"键启动岸桥电源，调整岸桥为锚定状态，按"Q"键进行选位，首先在【出口箱信息】里勾选集装箱货车信息前面的复选框，在【船贝位信息】里面选择预配好的红色部分，最后单击【选位】，如图8.10所示。

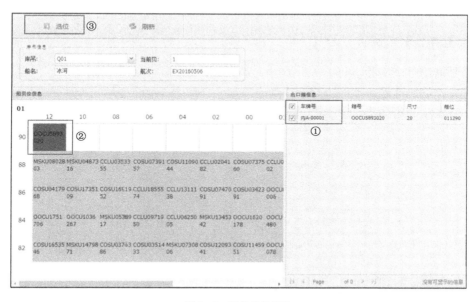

图8.10　装船选位操作

步骤16：按"↑"键升起吊具，将集装箱货车上的集装箱吊至船上黄色高亮显示部分，调整位置，当着床灯亮起时，将箱子放入黄色方框内，然后开锁升起吊具。

步骤17：角色切换为岸桥指挥员，按"Q"键打开PDA，选择【装船作业】，在下拉列表中选择相应岸桥以及集装箱，单击【确定】，如图8.11所示，按"Q"键收起PDA，该集装箱完成装船工作。

图8.11　PDA装船作业信息

步骤18：按顺序将所有集装箱装船后，将内集装箱货车开回停车场。

五、课后思考题

1. 绘制装船作业的流程图。
2. 在进行装船作业时,集装箱堆场应遵循哪些基本堆放原则?
3. 在装船作业中应注意哪些问题?

六、实验报告要求说明

1. 简要描述整个实验过程。
2. 完成课后思考题。
3. 小结实验心得体会。

实验九　集装箱码头进口全程作业方案设计与实施

实验类型：综合性实验
学　　时：2课时

一、实验目的

1. 熟悉集装箱码头进口业务流程。
2. 合理安排人员，学会成本控制。

二、实验器材

1. 计算机一台。
2. 《集装箱港口运营管理》实验课程软件。

三、实验内容

某物流公司的一批集装箱货物靠泊港口，客户来港口货运站自提该批集装箱。请多人以小组形式分角色进入系统，相互配合完成集装箱货物的进口卸船与重箱出场作业。

四、实验步骤

步骤1：此任务需选用小组模式，考察小组成员之间的工作协调性，需要在任务开始之前分配好角色及工作职责，然后各角色依次进入3D仿真场景。

步骤2：在【课程内容】中选择【项目二　集装箱码头进口作业管理】，右侧单击【进入任务】，选择任务角色后单击【确定】进入3D仿真场景。

步骤3：【港口调度员】操作计算机，打开虚拟计算机界面上的船舶管理系统。选择【船次登记】，可以看到系统已经录入了的船次信息，如图9.1所示。

图9.1　录入的船次信息

步骤4：选择【月度船期】，在【月度船期维护】窗口中填写【登记号】，选择【船名】信息后单击【保存】，如图9.2所示。

步骤5：选择【泊位计划】—【泊位】，鼠标左键按住拖动，选择【计划抵港与离港时间】，选择成功后显示为橙色，单击鼠标左键打开橙色部分，选择【船期】—【保存】—【提交】，如图9.3所示。

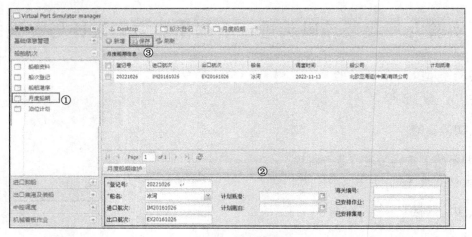

图 9.2　安排月度船期

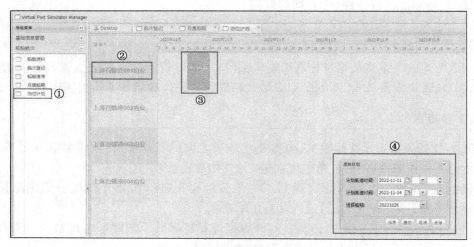

图 9.3　泊位计划

步骤6：选择【进口船图录入与修改】—【进口航次】—【查询】，这里已经录入了集装箱信息，勾选集装箱的复选框后单击【提交】，如图 9.4 所示。

图 9.4　提交进口船图

步骤7：选择【进口舱单录入】—【进口航次】—【查询】，这里已经录入了集装箱信息，勾选集装箱的复选框后单击【提交】，如图9.5所示。

图9.5　提交进口舱单

步骤8：选择【船图舱单校核】—【进口航次】—【查询】，出现船图舱单集装箱信息，单击【复核】—【提交】，如图9.6所示。

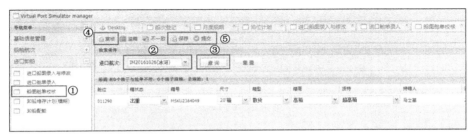

图9.6　船图舱单校核

步骤9：选择【卸船堆存计划(模糊)】—【进口航次】，单击【分类】后出现船舶航次信息，在【箱区选择】窗口中选择箱区和贝位，在【堆场计划区域】窗口中单击相应箱区后再单击【保存】—【提交】，如图9.7所示。

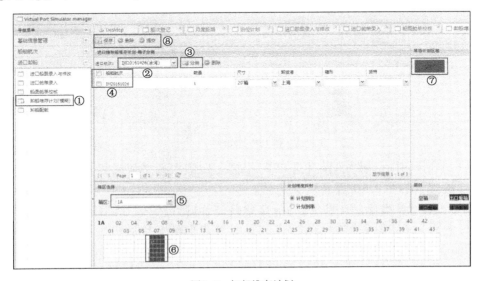

图9.7　卸船堆存计划

步骤10:选择【卸船配载】—【进口航次】,勾选船舶航次复选框,在【船图配载信息】窗口中单击棕色可配位置,再在【计划区域】单击选定箱区,后在【堆存计划区域信息】窗口中选择最底层位置,然后单击【保存】—【提交】,如图9.8所示。

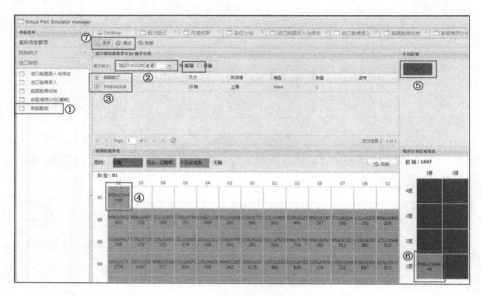

图9.8 卸船配载

步骤11:选择【中控调度】—【场吊调度】—【场吊编码】,在【堆场信息】窗口区域中单击绿色区域,再在【调度区域】选择对应箱区后单击【保存】,如图9.9所示。

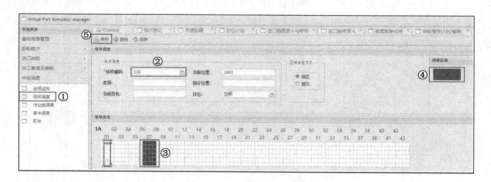

图9.9 场吊调度

步骤12:选择【作业线调度】—【进口】—【航次】,依次选择船舶贝位和相应岸桥后单击【保存】—【提交】,如图9.10所示。

步骤13:选择【集装箱货车调度】,在【作业路信息】窗口中,勾选指定岸桥前面的复选框,单击【要箱车辆】,在【集装箱货车信息】窗口中勾选车辆安排后单击【保存】—【提交】,如图9.11所示。

步骤14:按照前面任务的操作方法,完成后续卸船作业和重箱出场作业操作。

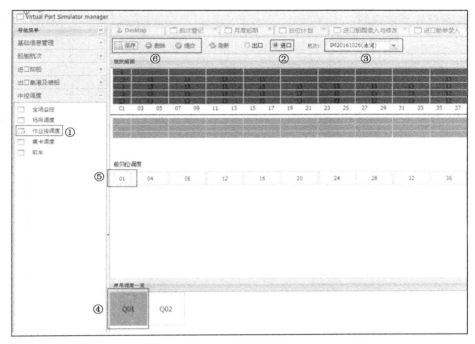

图 9.10 作业线调度

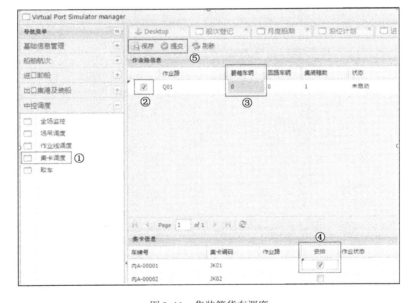

图 9.11 集装箱货车调度

五、实验题

1. 集装箱码头进口作业包括哪些作业过程？
2. 画出进口卸船提箱作业流程图。

六、实验报告要求说明

1. 简要描述整个实验过程。
2. 完成实验题。
3. 小结实验心得体会。

实验十　小件货物车辆配载作业方案设计与实施

实验类型:综合性实验
学　　时:2 课时

一、实验目的

1. 了解影响车辆积载的因素。
2. 掌握装车配载的原则及方法。

二、实验器材

1. 计算机一台。
2.《配送运营管理》实验课程软件。

三、实验内容

进入虚拟仿真配送中心完成配送作业,分析货物情况,在充分利用车辆体积和载重量的情况下,选择合适的车辆,规划货物装车位置并完成装车。

四、实验步骤

步骤1:单击选择课程【项目一　货物配送作业方案设计与实施】—【子项目三　小件货物车辆配载作业方案设计与实施】—【任务二　小件货物车辆配载作业方案实施】,在界面右侧单击【进入任务】,选择调度员角色,进入3D仿真场景。

步骤2:走进调度室,按"Alt"键操作虚拟计算机,单击【管理系统】—【配送管理】—【车辆配载】,根据货物体积与周转箱体积选择合适的周转箱类型,单击【发布】并确认,确认后不能修改数据,如图10.1 所示。

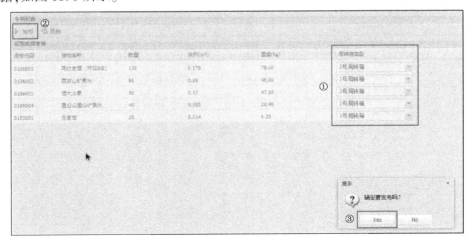

图 10.1　车辆配载

步骤3：控制角色走出调度室，切换为配载员。配载员走近旁边的"地牛"，操作"地牛"将整托货物推至车辆停放的月台上，然后放下"地牛"，走近车辆尾部，按"↓"键打开车门。

步骤4：根据设计的配载方案，走到周转箱堆放处进行装车作业。按"Alt"键开始装车，长按鼠标右键旋转方向，光标对准周转箱时变为手型，单击鼠标左键拿起周转箱，此时移动鼠标可对周转箱进行操作，如图10.2所示。移动到车厢内指定位置后再次按下左键，放好周转箱，放置过程中可按"A"键或"D"键调整周转箱方向。

图 10.2　拿起周转箱

步骤5：周转箱装车完成后，按"Alt"键人物可恢复走动状态，将空托盘移至托盘放置区。

五、课后思考题

1. 车辆配载的原则有哪些？
2. 画出本次实验中货物的装载示意图。

六、实验报告要求说明

1. 简要描述整个实验过程。
2. 完成课后思考题。
3. 小结实验心得体会。

实验十一 货物配送作业方案设计与实施

实验类型:综合性实验
学　　时:2 课时

一、实验目的

1. 熟悉货物配送业务流程。
2. 掌握配送线路优化的方法。

二、实验器材

1. 计算机一台。
2. 《配送运营管理》实验课程软件。

三、实验内容

多人以小组形式分角色进入系统,根据客户订单的实际情况,选择合适的配送线路和配送车辆,根据配送计划将货物装车并送达客户。

四、实验步骤

步骤1:单击选择课程【子项目二　货物配送作业方案设计与实施】—【任务二　货物配送作业方案实施】,在界面右侧单击【进入任务】,任务角色下拉菜单中选择【调度员】角色,进入3D仿真场景。

步骤2:控制角色走进调度室,走近电脑,按"Alt"键操作虚拟计算机,双击【管理系统】进入配送管理系统界面;单击【订单管理】—【配送订单】,勾选订单后,单击【分配笼车】,如图11.1 所示。

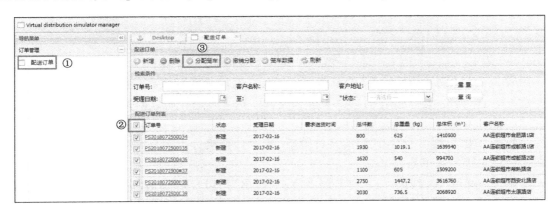

图 11.1　分配笼车

步骤3:选择【配送管理】—【车辆分配】,单击【运输距离矩阵】—【导出 Excel】,如图 11.2 所示,根据配送线路设计的相关理论和方法,设计合适的配送线路。

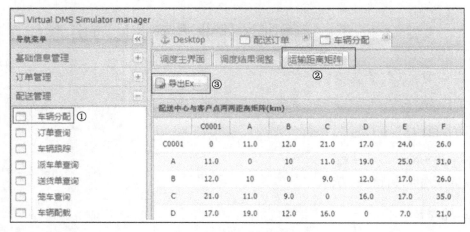

图 11.2 运输距离矩阵表

步骤 4:车辆调度(线路 1)。返回【调度主界面】,根据设计好的配送线路,勾选相应客户,然后【选择车辆】和【出库月台】后单击【加入调度】,如图 11.3 所示。勾选车辆信息,单击【调度结果调整】,选择需要调整的订单号,通过【上移】和【下移】按钮进行调整,最终调整为设计方案中的配送顺序,如图 11.4 所示。

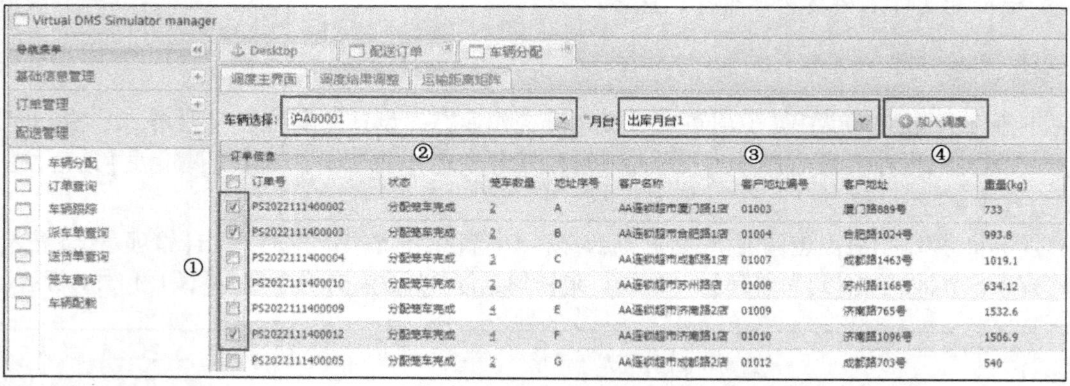

图 11.3 线路一车辆调度

步骤 5:勾选【调度结果信息】的车辆信息,单击【保存调度】,再次勾选车辆信息,单击【提交】,再次勾选车辆信息,单击【打印派车单和送货单】—【发送导航数据】,如图 11.5 所示。其他配送车辆也采用同样方法完成调度。

步骤 6:拿取单据。按"Alt"键离开计算机,走近计算机旁边的打印机,按住"Ctrl"键的同时单击鼠标左键拿起单据。

步骤 7:装车配载(线路 1)。走出调度室,前往出库月台,切换角色为配载员,走近车辆,按"↓"键打开车门,如图 11.6 所示。

步骤 8:回到出库理货区,按"Q"键取出 PDA,双击【进入管理系统】—【装车配载】,界面提示扫描派车单号,扫描完派车单号后,界面跳转至装车配载,勾选相应序号,单击【执行作业】,如图 11.7 所示。按"Esc"键收起单据,根据界面提示依次扫描该送货单的笼车编号,如图 11.8 所示。

第二部分 实验指导

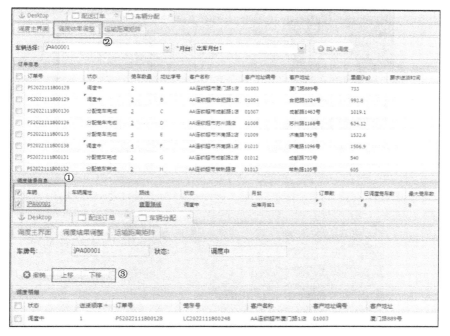

图 11.4 调度结果调整

图 11.5 完成调度并发送导航数据

图 11.6 按"↓"键打开车门

65

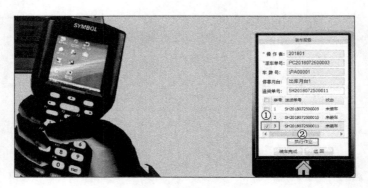

图11.7 PDA执行作业

图11.8 扫描笼车编号

步骤9：扫描完成后，按"Q"键收起PDA，走近笼车，按"Alt"键控制笼车，按照扫描顺序依次将笼车推到配送车辆的车厢里，笼车装到车上后，如果地面的蓝色框变成绿色框，表示装载正确，如图11.9所示。

图11.9 装车完成

步骤10：装车完成后，取出PDA，在装车配载界面上单击【装车完成】，如图11.10所示。走近车辆后门，按"↑"键关上车门。按以上流程可完成所有配送车辆的装车工作。

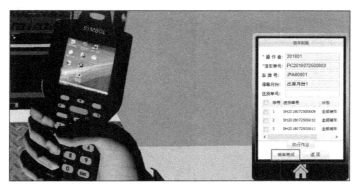

图 11.10　PDA 操作装车完成

步骤 11：送货。切换角色为货车司机，走近车辆，按"Alt"键进入驾驶舱内，按"M"键打开导航地图，按"T"键启动车辆，按"空格"键为刹车，根据导航线路开往 1 号送货地址，当行驶路线正确时，走过的线路变为绿色，如图 11.11 所示。

图 11.11　配送车辆行驶中

步骤 12：卸货。车辆到达送货地后，先核对送货地址和笼车信息，如图 11.12 所示。核对完成后下车走向车辆后门，按"↓"键打开车门并放下升降台，将该送货地址的笼车推到签收人员旁边的蓝色圆圈内，货物位置匹配正确时，地面蓝色的圆圈显示为黄色的圆圈，当所有笼车都被推到圆圈内后，圆圈显示为绿色，如图 11.13 所示。

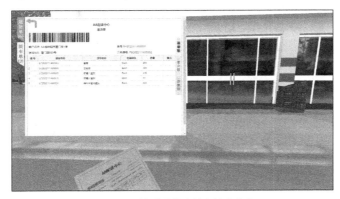

图 11.12　核对送货地址和笼车信息

图 11.13　将笼车推到圆圈内

步骤 13：按"Q"键取出 PDA，进入管理系统，双击【运输作业】，根据提示打开并查找派车单。扫描完成后显示界面，单击【进入】，进入之后，勾选序号【1】并单击【执行作业】。然后根据界面提示，依次扫描笼车编号，如图 11.14 所示。

图 11.14　PDA 执行作业

步骤 14：签收。扫描笼车完成后，收起 PDA，控制角色走向签收人员，打开该地址的送货单，勾选客户联，光标对准签收人员，双击鼠标左键交给签收人员，验收、签字并单击【确认】，如图 11.15、图 11.16 所示。

图 11.15　送货单的客户联交给签收人员

步骤 15:签收完成后,取出 PDA,在界面上单击【确认签收】,打开刚才已签收的送货单,根据界面提示,扫描送货单,完成该客户的送货工作。按照同样的操作方法依次对后续客户进行送货,当所有配送作业都完成后,在 PDA 上单击【运输完毕】,然后收起 PDA,如图 11.17 所示。

图 11.16　确认信息

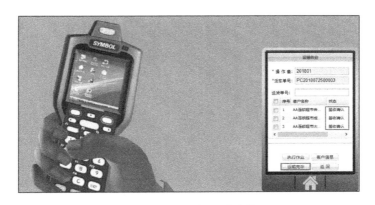

图 11.17　PDA 确认运输完毕

步骤 16:返回。完成配送作业,走近车辆,上车按"M"键打开导航地图,根据导航地图返回配送中心。回到配送中心后,按"T"键熄火,按"Alt"键下车,走向办公区的财务室,走近财务人员,光标对准财务人员,双击鼠标左键,把送完货的三张送货单都交给财务人员签收,单击【确认】,如图 11.18、图 11.19 所示。

图 11.18　将已签收的送货单交给财务人员

图 11.19　确认信息

五、课后思考题

1. 配送线路的约束条件有哪些?
2. 画出配送作业的流程图。

六、实验报告要求说明

1. 简要描述整个实验过程。
2. 完成课后思考题。
3. 小结实验心得体会。

实验十二　公路零担中转货物运输作业

实验类型:验证性实验
学　　时:2 课时

一、实验目的

1. 熟悉零担货物中转作业的作业方法。
2. 掌握零担货物运输的作业流程。
3. 能够完成零担中转运输业务的线路规划、车辆配载、调度,并能执行运输作业。

二、实验器材

1. 计算机一台。
2.《运输企业运营管理》实验课程软件。

三、实验内容

配送中心接到不同城市客户的货物托运订单,进入各地相应配送中心,分析货物情况、车辆情况,选择合适的车辆,完成货物的装载与送货任务。

四、实验步骤

步骤1:在【课程内容】中选择【任务四　公路零担中转货物运输作业】,单击【进入任务】,进入3D虚拟场景。

步骤2:选择所需要的工作岗位调度员,然后单击【确定】,系统进入3D环境,根据【任务数据】中托运客户的地址选择城市。

步骤3:控制角色走近计算机,打开管理系统,依次选择【托运单管理】—【托运单录入】,勾选所有订单后,单击【分配】—【提交】,如图 12.1 所示。依次切换到所有托运人所在城市,完成订单并提交。

图 12.1　提交托运单

步骤4:切换总部城市【上海】,以调度员主管的角色操作计算机,单击【车辆调度】进入【干线车辆调度】模块,单击【勾选订单】—【选择路线】—【分配车辆】—【加入调度】,如

图12.2所示。加入调度后,单击【全选】,然后单击【提交】。若运输线路属于未规划路线,则需进入【线路维护】,单击【新增】,在右上角输入代码、名称及城市,勾选【使用】并单击【保存】,如图12.3所示。

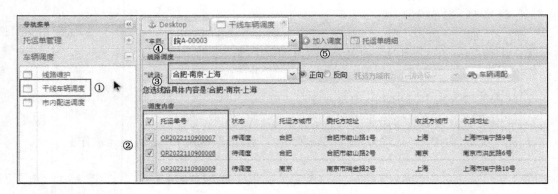

图12.2 车辆分配

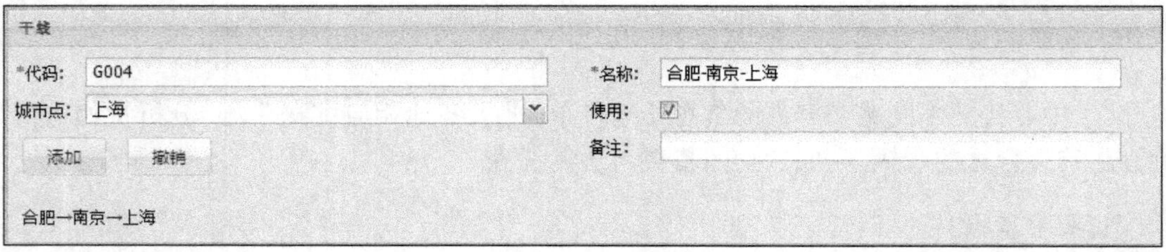

图12.3 新增运输线路

步骤5:切换至托运人所在城市,进入【车辆调度】—【干线车辆调度】模块,然后单击【全选】—【打印】,打印运输所需单据,如图12.4所示。

图12.4 打印运输所需单据

步骤6:走至打印机旁,单击鼠标左键同时按住"Ctrl"键拿起单据,切换角色为长途司机,去取车处,根据提示打开【路单】,双击鼠标左键取车。

步骤 7：去车棚处取车，上车后按"T"键启动车辆，按"M"键打开地图，选择【发货点】，然后开车去发货点收货，按"M"键收回地图。

步骤 8：按照车前面的导引指示将车辆开去托运客户所在地进行取货。如果没有在地图上选择城市与发货点，则不会出现箭头指示。

步骤 9：按"T"键熄火之后，下车走到签收人员前面，打开【托运单】—勾选【回单联】，双击鼠标左键，签收成功有提示信息，如图 12.5 所示。

图 12.5　单据签收

步骤 10：按"Q"键取出 PDA，进入【随车装卸】—【装车配载】—【路单】，根据界面调转提示扫描交接单，如图 12.6 所示。然后根据提示依次扫描交接单里面的货物。收回 PDA，靠近车辆按"Alt"键进行装车作业。

图 12.6　扫描单据

步骤 11：按"↑"键关上车门，上车后按"N"键查看装车报告，如图 12.7 所示(注：页码较多时可用鼠标左键单击报告右上角翻页)。按"M"键打开地图，选择收货城市，随后按照地图指示开往收货地的配送中心。

步骤 12：车辆到达收货地的配送中心后，角色切换为装卸工，把目的地在该城市的货物卸载下来,取出 PDA,进入【物流中心】—【中转】—【交接单】,按照 PDA 跳转提示扫描货物包装,如图 12.8 所示。

图 12.7 装车报告

图 12.8 扫描交接清单

步骤 13:切换角色为调度员,进入调度室,按"Alt"键操作计算机,进入【车辆调度】—【市内调度配送】,【勾选订单】—【分配车辆】—【加入调度】,如图 12.9 所示。【全选派车单】—【提交】—【打印单据】。从打印机拿起单据,切换角色为市内配送员,到达取车处,打开【派车单】,双击鼠标左键取车。

第二部分　实验指导

图12.9　提交订单

步骤14：取车成功后，去车棚取车，开到刚才卸货处，切换角色为装卸工，拿出PDA，进入【物流中心】—【市内配送模块】，根据界面提示，扫描【派车单】—【送货单】—【包装编号】，如图12.10所示，然后靠近车辆按"Alt"键进行装车作业。

图12.10　装货作业

步骤15：按"↑"键关上车门，切换角色为市内配送员，上车后，按"M"键打开地图，选择城市收货点，按照车前箭头指示，开往收货点。

步骤16：靠近车尾，按"↓"键打开车门，根据提示按"Alt"键进入卸货模式，把货物从车上搬下来放进蓝色方框内，当货物全部卸完后，蓝色框变成绿色框，如图12.11所示。

步骤17：取出PDA，进入【随车装卸】—【卸货】模块，根据提示依次扫描【派车单】—【送货单】—【包装编号】。取出托运单，勾选【客户联】，双击鼠标左键让签收人员签收，如图12.12所示。

步骤18：关上车门，上车后，按"M"键打开地图，选择发货点，按照箭头指示开往发货点。走向签收人员，根据提示打开【托运单】—【回单联】，双击鼠标左键，托运人签收。

步骤19：取出PDA进入【随车配载】—【装货】，根据提示依次扫描【派车单】—【提货单】—【包装编号】，收回PDA，靠近车辆按"Alt"键进行装货作业。把货物装进车厢内。

75

图 12.11 货物卸车

图 12.12 签收货物

步骤 20：上车后，按"M"键打开地图，确定收货城市分中心，按照指示开回相应配送中心。切换角色为装卸工，把刚收的货从车上卸下来，取出 PDA，进入【随车配载】—【卸货模块】，根据界面提示扫描【派车单】—【提货单】，按界面提示扫描【包装编号】。

步骤 21：取出 PDA 进入【物流中心】—【中转】，根据界面提示，扫描【交接清单】—【包装编号】。

步骤 22：按"Alt"键进入装车状态，把货物拖装进长途机车车厢内，按"↑"键关上车门，切换角色为长途司机，返回驾驶舱，按"N"键查看装载报告。按"M"键打开地图，选择收货人所在城市配送中心，按照箭头指示开往该配送中心。

步骤 23：按"↓"键打开车门，切换角色为装卸工，按照之前方法把货物从车上搬出来，取出 PDA，进入【物流中心】—【中转】，根据提示依次扫描【交接清单】—【包装编号】。

步骤 24：收回 PDA，切换角色为调度员，进入调度室，进入【车辆调度】—【市内配送调度】模块，按照之前步骤，勾选订单，选择【车辆选择】—【加入调度】—【全选】—【提交】—【打印】。

步骤 25：按"Alt"键离开计算机，走向计算机左侧的打印机旁，按住"Ctrl"键的同时单击鼠标左键，拿起单据，切换角色为市内配送员，去取车处，按照之前的方法取车。

步骤 26：把车开到刚才卸货处，切换角色为装卸工，取出 PDA，进入【物流中心】—【市内配送】，根据提示依次扫描【派车单】—【送货单】—【包装编号】，扫货完成后，把货装车，按"↑"键关门，如图 12.13 所示。

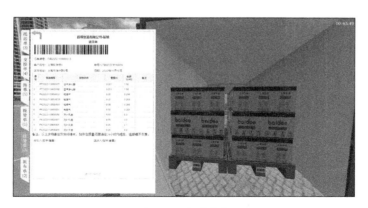

图 12.13　扫货装车

步骤 27：切换角色为市内配送员，按"M"键打开地图，确定路线收货点，按照箭头提示开往收货点，按"↓"键开车门，把货物卸载在对应的方框内。

步骤 28：取出 PDA 进入【随车装卸】—【卸车模块】，根据提示依次扫描【派车单】—【送货单】—【包装编号】。

步骤 29：卸货扫描完成后，走向签收人员，打开托运单，勾选【客户联】，双击鼠标左键让签收人签字。

步骤 30：控制角色重新驾驶车辆，按"M"键打开地图，选择该城市配送中心，按"M"键收起地图，按照车前面的提示，把配送车辆开回配送中心，到此任务结束。

五、课后思考题

1. 司机如何进行包装检查？
2. 梳理公路零担中转货物运输作业流程，画出流程图。

六、实验报告要求说明

1. 简要描述整个实验过程。
2. 完成课后思考题。
3. 小结实验心得体会。

实验十三　铁路集装箱货物运输作业

实验类型:验证性实验
学　　时:2 课时

一、实验目的

1. 熟悉铁路集装箱货物运输的受理方式和托运单。
2. 掌握铁路集装箱货物运输的作业流程。
3. 能够完成铁路集装箱货物运输业务。

二、实验器材

1. 计算机一台。
2.《运输企业运营管理》实验课程软件。

三、实验内容

接到客户的集装箱货物托运订单后,进入配送中心,分析货物情况、车辆情况,选择合适的车辆,完成货物的装载与送达车站的任务。

四、实验步骤

步骤1:在【课程内容】中选择【任务六　铁路集装箱货物运输作业】,单击【进入任务】,进入 3D 虚拟场景,如图 13.1 所示。

图 13.1　提交订单

步骤2:选择角色为调度员,然后单击【确定】,系统进入 3D 环境,根据【任务数据】中托运客户的地址选择城市并单击【确定】。

步骤3:控制角色走近计算机,打开管理系统,依次选择【托运单管理】—【托运单录入】,勾选所有订单后,单击【分配】—【提交】,如图 13.1 所示。

步骤4:切换城市到总部(上海市),单击【管理系统】,进入【委外预约】—【铁路预约】模块,单击【创建预约单】,如图 13.2 所示。

步骤5:打开任务数据,根据数据上的客户所在的城市,在发货人后面的检索里选择发货地和收货地的火车站,然后勾选订单,单击【保存】,如图 13.3 所示。

图 13.2　创建预约单

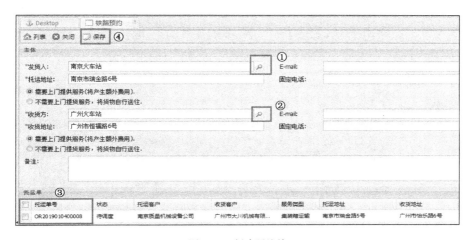

图 13.3　创建预约单

步骤 6：单击列表，返回之前界面，勾选订单，单击【提交发布】。

步骤 7：切换至发货地城市，进入【车辆调度】—【市内配送调度】，勾选订单，选择集装箱车辆，并加入调度，如图 13.4 所示。

图 13.4　调度车辆

步骤 8：加入调度后，然后单击【全选】—【提交】—【打印单据】。

步骤 9：按"Alt"键离开计算机，走向左侧打印机旁，拿起打印出来的单据。

步骤 10：切换角色为市内配送员，走向取车处，按照提示信息，打开【派车单】，双击鼠标左键取车。去车棚取车，上车后，按"M"键打开地图。选择发货点，单击"T"键启动车辆，按照车前面的箭头指示开往发货点。

79

步骤11：根据箭头指示行驶到发货点，把车停到发货点方框内之后，按"T"键熄火。走到签收人员旁边，取出托运单，选择【回单联】，双击鼠标左键，交给签收人员签收。

步骤12：按"Q"键取出PDA，单击【管理系统】，进入【随车配载】—【装车配载】，依次扫描【派车单】—【提货单号】—【包装编号】。

步骤13：收回PDA，靠近车尾，根据提示"Alt"键进行装车，把集装箱拖放在车上，当位置对齐后，单击鼠标左键，放下集装箱。

步骤14：重返车上，按"M"键打开地图，选择托运城市火车站，按照箭头指示开往该火车站。到达火车站后，靠近车尾，按"Alt"键进入卸货模式，当光标变成绿色小手时，单击鼠标左键，拖拉集装箱移至地面上的蓝色方框内，当蓝色框变成绿色框时候，单击鼠标左键，放下货物，如图13.5所示。取出PDA，进入【随车配载】—【卸货】，依次扫描【派车单】—【提货单号】—【包装编号】。

图13.5　卸货作业

步骤15：控制角色走近旁边的托运窗口，根据提示打开预约单，双击鼠标左键，将预约单交给工作人员，如图13.6所示。

图13.6　办理托运

步骤16：当工作人员验完货后，拿起窗口打印机旁的单据，如图13.7所示，之后把市内配送车辆开回本市的物流分中心。

步骤17：切换至收货城市，然后切换角色为调度员，走向计算机旁，操作计算机，进入【管理系统】—【车辆调度】—【市内配送调度】，勾选订单进入【选择集装箱车辆】—【加入调度】。

图 13.7 拿取单据

步骤 18：调度成功后，选择【全选】—【提交】—【打印单据】。

步骤 19：拿起打印机旁的单据，切换角色为市内配送员，去取车处，根据提示打开【派车单】，双击鼠标左键取车。

步骤 20：到院内取车，上车后，按"M"键打开地图，选择收货地火车站，按照车前箭头指示开往火车站，到站后，走向提货窗口，根据提示打开到货通知单，双击鼠标左键，把通知单交给工作人员，如图 13.8 所示。

图 13.8 提交到货通知单

步骤 21：走向集装箱，取出 PDA，进入【随车装卸】—【装车配载】，根据界面跳转提示，依次扫描【派车单号】—【送货单号】—【包装编号】，单击【确定】。

步骤 22：靠近车尾按"Alt"键进入装车模式，把集装箱装车。配送员上车后，按"M"键打开地图，选择收货点，按照箭头指示开往收货点。

步骤 23：走至车尾，按"Alt"键进行卸货模式，按照之前方法拖拉货物至蓝色方框内，当蓝色框变成绿色框后，左边显示位置对齐，单击鼠标左键，放下货物，如图 13.9 所示。

步骤 24：取出 PDA，进入【随车配载】—【卸货模块】，根据提示，依次扫描【派车单号】—【送货单号】—【包装编号】。

步骤 25：走向签收人员，根据界面提示打开托运单，勾选客户联，双击鼠标左键，签收人签字。

图 13.9　货物送达

步骤 26：控制角色重新驾驶车辆，按"M"键打开地图，选择该城市配送中心，按照车前面的提示，把配送车辆开回分中心。

五、课后思考题

1. 适合铁路集装箱运输的货物有哪些？禁止使用铁路集装箱运输的货物有哪些？
2. 铁路部门在集装箱装车和卸车时，需要做哪些工作？

六、实验报告要求说明

1. 简要描述整个实验过程。
2. 完成课后思考题。
3. 小结实验心得体会。

实验十四 鲜活易腐类货物运输作业

实验类型:验证性实验
学　　时:2课时

一、实验目的

1. 掌握鲜活易腐类货物运输的要求。
2. 掌握鲜活易腐类货物运输业务的作业流程。
3. 能够完成鲜活易腐类货物运输业务。

二、实验器材

1. 计算机一台。
2.《运输企业运营管理》实验课程软件。

三、实验内容

配送中心接到鲜活易腐类货物托运订单,请进入相应配送中心,分析货物情况、车辆情况,选择合适的车辆,完成货物的装载与送达任务。

四、实验步骤

步骤1:在【课程内容】中选择【任务九　鲜活易腐类货物运输作业】,单击【进入任务】,进入3D虚拟场景。

步骤2:选择工作岗位为调度员,然后单击【确定】,系统进入3D虚拟场景,根据【任务数据】中托运客户的地址选择城市并单击【确定】。

步骤3:控制角色走近计算机,打开管理系统,依次选择【托运单管理】—【托运单录入】,勾选所有订单后,单击【分配】—【提交】。

步骤4:切换城市总部(上海市),进入【车辆调度】—【干线车辆调度】,选择【线路直达】(注:对于特种货物,特殊要求高,一般采用直达运输),勾选订单,选择与之匹配的【车辆】—【冷藏货车】,加入调度,如图14.1所示。调度成功后,全选下面的订单,然后单击【提交】。

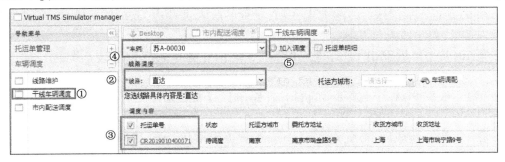

图14.1　车辆调度

步骤5：切换至发货地城市，操作计算机，进入【车辆调度】—【干线车辆调度】，执行【全选】—【打印】操作，打印运输单据。

步骤6：离开计算机，走到打印机旁拿取单据。切换角色为长途司机，去取车处，根据界面提示，打开路单，双击鼠标左键取车。

步骤7：根据提示去院内驾驶车辆，靠近车辆，上车前系统会提示车辆项目检查，根据所托运的货物，勾选对应的项目，如图14.2所示。勾选不全或者错误时，会出现提示信息，根据提示信息重新勾选，单击【确定】，如图14.3所示。

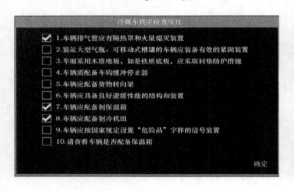 

图14.2　车辆检查　　　　　　　　　　图14.3　提示信息

步骤8：上车后，按"M"键打开地图，选择发货点，根据提示将车辆开至发货点，如图14.4所示。

图14.4　到达发货点

步骤9：走近车后门按"↓"键打开车门，走到签收人员旁边，取出托运单，勾选回单联，双击鼠标左键，交给签收人员签收。

步骤10：按"Q"键取出PDA，进入【管理系统】—【随车装卸】—【装车配载】，如图14.5所示。

步骤11：根据PDA调转提示，依次扫描【路单】—【交接清单】—【包装编号】，逐个扫描包装条码后，PDA显示装车确认成功。

步骤12：按Q键收回PDA，走进后车门，根据提示按住"Alt"键进行装货，装货完成后，按"Alt"键结束装货作业，按"↑"键关起车门。

图 14.5 装货操作

步骤 13：控制角色重新驾驶车辆，按"N"键可以打开装载报告。按"M"键打开地图，选择收货点，收起地图，按照车前箭头指示，按"T"键启动车辆开往收货地。

步骤 14：车辆到达收货点后，按"Alt"键，此时界面提示冷藏货品卸车检车，根据托运货物的特性勾选选项，勾选完成后，单击【确定】。如果选项错误，会有提示信息，根据提示信息重新勾选，并单击【确定】。

步骤 15：走向车门，按"↓"键打开车门。按"Alt"键进入卸货模式，把货物卸至指定位置，当所有货物卸完，方框将从蓝色变为绿色。

步骤 16：取出 PDA，进入【系统管理】—【随着配载】—【卸货模块】，根据界面提示，依次扫描【路单】—【交接清单】—【包装编号】。

步骤 17：走向签收人员，根据界面提示，打开托运单，选择客户联，双击鼠标左键，签收人员确认签收，任务完成。

五、课后思考题

1. 鲜活易腐类货物的安全运输目的是防止货物腐坏，那么有哪些防腐坏的措施呢？
2. 用于鲜活易腐类货物的包装材料有哪些？

六、实验报告要求说明

1. 简要描述整个实验过程。
2. 完成课后思考题。
3. 小结实验心得体会。

实验十五　第三方物流企业运输运营实践

实验类型:综合性实验
学　　时:2 课时

一、实验目的

1. 熟悉多式联运的组织方式。
2. 掌握多式联运运输方式的选择方法。
3. 掌握多式联运的流程。

二、实验器材

1. 计算机一台。
2.《运输企业运营管理》实验课程软件。

三、实验内容

配送中心接到客户的货物托运订单,请多人以小组形式分角色进入系统,分析货物情况,分析货物到发地之间的交通条件,选择合适的运输方式,规划运输线路,完成货物的装载与送达任务。

四、实验步骤

步骤1:在【课程内容】中选择【项目三　第三方物流企业运输运营实践】,单击【进入任务】,进入3D虚拟场景。

步骤2:选择工作岗位为调度员,然后单击【确定】,系统进入3D虚拟场景,选择城市并单击【确定】。

步骤3:控制角色走近计算机,打开管理系统,依次选择【托运单管理】—【托运单录入】,勾选所有订单后,单击【分配】—【提交】。

步骤4:切换至总部(上海市),单击【管理系统】,进入【委外预约】—【铁路预约】,单击【创建预约单】。

步骤5:根据数据上的客户所在的城市,在发货人后面的检索里选中该城市火车站,在收货人里选中其所在城市火车站,然后勾选订单,单击【保存】。

步骤6:单击列表,返回之前界面,勾选订单,单击【提交发布】。

步骤7:切换至发货人城市,进入【车辆调度】—【市内配送调度】,勾选订单,选择集装箱车辆,并加入调度。

步骤8:加入调度后,然后全选,单击【提交】—【打印单据】。

步骤9:按"Alt"键离开计算机,拿起打印出来的单据,切换角色为市内配送员,走向取车处,按照提示信息,打开【派车单】,双击鼠标左键取车。

步骤10：去车棚取车,上车后,按"M"键打开地图。选择发货点,单击"T"键启动车辆,按照车前面的箭头指示开往发货点。

步骤11：根据箭头指示行驶来到发货点,按"T"键熄火。走到签收人员旁边,取出托运单,选择【回单联】,双击鼠标左键,交给签收人员签收。

步骤12：按"Q"键取出PDA,单击【管理系统】,进入【随车配载】—【装车配载】,依次扫描【派车单】—【提货单号】—【包装编号】。

步骤13：收回PDA,靠近车尾,根据提示按"Alt"键进行装车。重返车上,按"M"键打开地图,选择该城市火车站,按照箭头指示开往该火车站。

步骤14：靠近车尾,按"Alt"键进入卸货模式,放下货物。

步骤15：取出PDA,进入【随车配载】—【卸货】,依次扫描【派车单】—【提货单号】—【包装编号】。

步骤16：走近旁边的托运窗口,根据提示打开预约单,双击鼠标左键,将预约单交给工作人员。

步骤17：当工作人员验完货后,拿起窗口打印机旁的单据,把市内配送车辆开回配送中心。

步骤18：切换至总部(上海市),进入【委外预约】—【港口预约】,单击创建预约单,如图15.1所示。

图15.1 创建预约单

步骤19：单击下方任务菜单,打开任务数据,根据任务数据选择发货人对应港口和收货人对应港口,勾选生成的预约单,然后单击【保存】,如图15.2所示。保存成功后,单击返回之前界面。

步骤20：返回列表后,勾选订单,然后单击【提交发布】。

步骤21：切换至发货城市,进入【车辆调度】—【市内调度配送】,执行勾选订单,单击【选择车辆】—【加入调度】操作。

步骤22：调度车辆成功后,全选订单,单击【提交】—【打印单据】。

步骤23：离开计算机,走到打印机旁,按住"Ctrl"键的同时,单击鼠标左键拿起单据,切换角色为市内配送员,去取车处,根据界面提示打开【派车单】,双击鼠标左键取车。

步骤24：根据提示去车棚取车,上车后,按"M"键打开地图,选择该城市火车站,按照车前面的箭头指示,按"T"键启动车辆,开往发货点。

图 15.2 保存预约单

步骤 25:到达火车站后,下车走向【提货窗口】,根据提示打开【到货通知单】,双击鼠标左键把到货通知单交给工作人员,出现提示为货物即将出库的信息,单击【确定】后出现提示为提货业务已完成的信息。

步骤 26:按"Q"键取出 PDA,单击【管理系统】,进入【随车装卸】—【装车配载】,根据界面调转提示,依次扫描【派车单】—【提货单号】—【包装编号】。

步骤 27:靠近车尾,按"Alt"键进入装车模式,将集装箱装车。

步骤 28:返回驾驶舱内,按"M"键打开地图,选择该城市港口,按照箭头指示开往港口,如图 15.3 所示。

图 15.3 到达南京港口

步骤 29:下车后,靠近车尾,按"Alt"键进入卸货模式,放下集装箱。

步骤 30:取出 PDA,进入【随车配载】—【卸货模块】,根据界面提示,依次扫描【派车单号】—【提货单号】—【包装编号】。

步骤 31:走向托运窗口,根据提示,打开【预约单】,双击鼠标左键,把预约单交给工作人员,如图 15.4 所示。提交预约单后,等待工作人员验货入库,如图 15.5 所示。

图 15.4 提交预约单

图 15.5 验货入库

步骤 32：验货入库后，拿起回单，把车辆开回配送中心。

步骤 33：切换至收货城市，切换角色为调度员，进入【车辆调度】—【市内配送调度】，执行勾选订单，选择【集装箱车辆】—【加入调度】操作。

步骤 34：调度成功后，执行全选，单击【提交】—【打印单据】。

步骤 35：离开计算机，拿起运输单据，切换角色为市内配送员，走向取车处，根据界面提示打开【派车单】，双击鼠标左键取车。

步骤 36：上车后，按"M"键打开地图，选择该城市港口，按照箭头指示开往港口。

步骤 37：走向提货窗口，根据提示打开到货通知单，双击鼠标左键交给工作人员。

步骤 38：走向集装箱，取出 PDA。进入【随车配载】—【装车配送】，根据跳转提示，依次扫描【派车单号】—【送货单号】—【包装编号】。

步骤 39：扫描完成后，靠近车尾，按"Alt"键进入装车模式，将集装箱装车。

步骤 40：上车后，按"M"键打开地图，选择收货点，按照箭头指示开往收货点。到达后，下车走向车尾，按"Alt"进入卸箱模式，放下集装箱。

步骤 41：取出 PDA，进入【随车装卸】—【卸货】，根据界面调转提示，依次扫描【派车单号】—【送货单号】—【包装编号】。

步骤 42：扫描完成后，走向签收人员，打开托运单，勾选客户联，根据提示双击鼠标左键，签收人员签字。

步骤 43：重新驾驶车辆，把车开回配送中心，至此任务结束。

五、课后思考题

1. 对比多式联运和单一运输,查找资料说明多式联运的特点有哪些。
2. 简述多式联运的主要业务与程序。

六、实验报告要求说明

1. 简要描述整个实验过程。
2. 完成课后思考题。
3. 小结实验心得体会。

参考文献

[1] 杨礼美,吕志君. 电商物流中心运营管理(基于ITP一体化教学管理平台)[M]. 北京:机械工业出版社,2020.

[2] 靳荣利. 集装箱港口运营管理(基于ITP一体化教学管理平台)[M]. 北京:机械工业出版社,2019.

[3] 靳荣利. 仓储与配送管理(基于ITP一体化教学管理平台)[M]. 北京:机械工业出版社,2018.

[4] 李文锋,张煜. 物流系统建模与仿真[M]. 2版. 北京:科学出版社,2017.

[5] 张灵,沈正. 物流仿真[M]. 北京:科学出版社,2015.